Praxisleitfaden Corporate Governance: Zusammenspiel von Risikoidentifizierung, Richtlinienmanagement und Internem Kontrollsystem

Ein Praxisleitfaden am Beispiel eines multinationalen Konzerns

von

Jan Hansen
Program Lead: Transformation for Growth, Novartis AG

Susanne Melchior
Head Risk and Internal Control, Novartis AG

und

Ulrike Gerke
Head Enterprise Policy Management, Novartis AG

2022

Zitiervorschlag:
HMG Praxisleitfaden Corporate Governance § … Rn. …

www.beck.de

ISBN 978 3 406 77566 6

©2022 Verlag C.H. Beck oHG
Wilhelmstraße 9, 80801 München
Druck und Bindung: Druckerei C.H. Beck Nördlingen
(Adresse wie Verlag)

Satz: 3w+p GmbH, Rimpar
Umschlaggestaltung: Martina Busch, Grafikdesign, Homburg Saar

Gedruckt auf säurefreiem, alterungsbeständigem Papier
(hergestellt aus chlorfrei gebleichtem Zellstoff)

Hansen/Melchior/Gerke

Praxisleitfaden Corporate Governance:
Zusammenspiel von Risikoidentifizierung,
Richtlinienmanagement und Internem Kontrollsystem

Vorwort

Über das Zusammenspiel von Risikoidentifizierung, Richtlinienmanagement und Internem Kontrollsystem ist – insbes. aus Sicht der Berater – schon einiges geschrieben worden, meistens unter dem Stichwort „Governance, Risk and Compliance (GRC)". Schwerer zu finden sind allerdings Veröffentlichungen zur praktischen Implementierung eines solchen Systems. Dies liegt zum einen daran, dass es in vielen Unternehmen an den entsprechenden Organisationsstrukturen für die erfolgreiche Zusammenführung der verschiedenen Elemente eines GRC fehlt. Zu oft noch sind das Management von Risiken, Unternehmensrichtlinien und internen Kontrollen in verschiedenen Einheiten verortet und insbes. nicht mit dem Compliance Programm des Unternehmens verbunden. Zum anderen wird oft auf die Verschiedenheit der Unternehmensstrukturen und Risikoprofile verwiesen, die allgemein gültige Aussagen zu einem effektiven GRC System erschweren. Letzterer Einwand ist nicht einfach von der Hand zu weisen und so soll auch der hier von einem Team leitender Mitarbeit*innen der Novartis Ethics, Risk und Compliance Funktion vorgelegte Praxisleitfaden nicht als „copy-paste" Aufforderung verstanden werden. Vielmehr geht es darum, unsere bisherigen Erfahrungen bei der Verbindung von Risikoidentifizierung, Richtlinienmanagement und internem Kontrollsystem als ein Beispiel für einen umfassenden Corporate Governance Rahmen zu erläutern und damit einen praxisorientierten Beitrag zur Diskussion, um die „Assurance" in Unternehmen zu leisten. Gerade in einer Zeit, in der die Gesellschaft und damit auch die Krisenfestigkeit und Resilienz der Unternehmen durch die weltweite Pandemie und den Krieg in der Ukraine auf den Prüfstand gestellt werden, ist diese Diskussion wichtiger denn je.

Basel, im Januar 2022

Dr. Klaus Moosmayer
Mitglied der Geschäftsleitung und
Chief Ethics, Risk and Compliance Officer der Novartis AG

Inhaltsverzeichnis

Vorwort	V
Abkürzungsverzeichnis	XI
Abbildungsverzeichnis	XIII
Tabellenverzeichnis	XV

§ 1 Einleitung & Allgemeines

A. Einleitung	1
B. Allgemeines	5
I. Governance, Risk & Compliance (GRC)	5
II. GRC als strategischer Erfolgsfaktor bei Novartis	6
III. Historie	6

§ 2 Enterprise Risk Management

A. Enterprise Risk Management – Organisation, Gremien und Aufgaben	9
B. Zeitlicher Ablauf im Geschäftsjahr	11
C. Enterprise Risk Management Prozess	13
I. Rollen im Enterprise Risk Management Prozess	13
II. Ablauf eines Risiko Workshops	15
III. Vorbereitung des Risiko Workshops	17
IV. Durchführung des Risiko Workshops	22
V. Risikoanalyse	26
VI. Risikobewertung	30
VII. Risikobehandlung	32
VIII. Überwachung und Überprüfung	34
D. IT-System im Risikomanagement	39
E. Konsolidierung der Ergebnisse auf Unternehmensebene	43
F. Berichterstattung	45

§ 3 Enterprise Policy Management

A. Enterprise Policy Management – Organisation	47
B. Enterprise Policy Management – Governance und Gremien	48
I. Aufsicht und Genehmigung durch die Geschäftsleitung	48
II. Policy Board	48
C. Inhalt und Erstellung	49
I. Richtlinienverantwortliche	49
II. Stakeholder	49
III. Definitionen und Dokumenttypen	50
D. Enterprise Policy Management Prozess	51
I. Generelle Prozessbeschreibung	51
II. Erstellen eines Neuen Dokumentes	52
III. Feedback von Stakeholdern und Experten	53
IV. Interne Freigabe	54
V. Vorbereitung zur Genehmigung	54

Inhaltsverzeichnis

VI. Genehmigung	55
VII. Genehmigungsprozess und Freigabestufen bei Novartis	55
VIII. Implementierung, Kommunikation und Training	56
1. Datum des Inkrafttretens des Dokuments	57
2. Erstellung der zugehörigen Dokumente	57
a) Übersetzungen	57
b) Anpassungen	57
3. Beziehungen zwischen Dokumenten	58
4. Veröffentlichung der relevanten Kontrollen im Kontrollregister	58
IX. Ablage im Dokumentenmanagement System	58
X. Archivierung	58
XI. Öffentliche Publikationen	58
XII. Kommunikation	59
XIII. Training	59
XIV. Überprüfung	60
XV. Außer Dienst stellen von Policies und Richtlinien	60
E. Rollen und Verantwortlichkeiten	61
I. Richtlinienverantwortlicher/Dokumenteneigentümer	61
II. Fachexperten, Stakeholder	62
III. Policy Experte	62
IV. EPM Team	62
VI. Policy Board	63
VII. Geschäftsleitung/Vorstand	63
F. EPM Richtlinien und Handbücher	63
I. EPM Richtlinie	64
II. EPM Handbuch	64
III. EPM-Dokumentvorlagen/Templates	65
IV. Richtlinien, Handbücher, Templates bei Novartis	66
V. Systemunterstützung	67
G. Praktisches Beispiel – Das Novartis Policy Management Framework	70
H. Das Enterprise Policy Management Projekt	71
I. Praxistipp: Einbeziehung von Stakeholdern in das EPM Projekt	72
J. EPM im täglichen Geschäftsablauf	73
I. Governance und Strategie	73
1. Compliance und Monitoring	73
2. Kommunikation und Change-Management	73
II. Operationeller Betrieb	74
1. Erstellung	74
2. Genehmigung	74
3. Implementierung	74
K. Fazit	75

§ 4 Internes Kontrollsystem

A. Historie und Generelles	77
I. Projekt „In Control"	77
II. Risikomanagement und interne Kontrollen	78
III. Policymanagement und interne Kontrollen	81
IV. Projektanstoß für einen ganzheitlichen Ansatz für interne Kontrollen	81

Inhaltsverzeichnis

- B. ONCE (One Novartis Control Environment) 81
  - I. Das ONCE Governance Modell 84
  - II. Das ONCE Meta Prozess Modell 91
  - III. Rollen im ONCE Prozess 93
- C. Der operative ONCE Prozess 95
  - I. Scoping and Assignment 96
  - II. Das Self-Assessment 97
  - III. Kontrolltesting 100
    1. Voraussetzungen für die Durchführung von Kontrolltests 100
    2. Typische Schritte zur Durchführung von Kontrolltests 101
    3. Größe der Teststichprobe 101
    4. Qualität der Stichprobe 102
    5. Testmethoden 102
    6. Dienstleistungen von Drittanbietern für Prozesse im Anwendungsbereich von ONCE 102
  - IV. Das Acknowledgement 103
- D. Fortlaufende Steuerung und Überwachung 104
- E. Behebung von Mängeln und Schwachstellen 104
- F. Beziehungen Globale Funktion und Control Entities 104
- G. Limitationen bei der Bestimmung des Control Ratings 104
- H. Kategorien von Kontrollen 106
  - I. Global Governance Controls (GGC) 106
  - II. Segregation of Duties (SOD) Controls 109
  - III. Access Controls/Zugriffs- und Zutrittskontrollen 109
  - IV. Management Review Controls (MRC) 109
  - V. Fraud Controls/Kontrollen zur Vermeidung oder Entdeckung von Betrug 109
- I. Das Control Register 110
- J. Das Entity Universe 113
- K. Berichterstattung 113
- L. Die ONCE Software Lösung 114
- M. Generelle Limitationen eines Internen Kontrollsystems 118

§ 5 Abschließende Bemerkungen

Sachverzeichnis 121

Abkürzungsverzeichnis

Abb.	Abbildung
BU	Business Unit
CERCO	Chief Ethics, Risk and Compliance Officer
CFO	Chief Finance Officer
CLC	Company Level Controls
CLO	Chief Legal Officer
COSO	Committee of Sponsoring Organizations of the Treadway Commission
DMS	Document Management System
ECN	Executive Committee Novartis
EPM	Enterprise Policy Management
ERC	Ethik, Risiko und Compliance
ERM	Enterprise Risk Management
ERP	Enterprise Resource Planning
etc	et cetera
FPC	Functional Process Control
GDD	Global Drug Development
GGC	Global Governance Control
ggf.	gegebenenfalls
GRC	Governance, Risk & Compliance
ICFR	Internal Controls over Financial Reporting
idR	in der Regel
inkl.	inklusive
ISO	International Organization for Standardization
IT	Information Technology
KPI	Key Performance Indicator
NFCM	Novartis Financial Controls Manual
NIBR	Novartis Institute for Biomedical Research
NTO	Novartis Technical Operations
NYSE	New York Stock Exchange
og	oben genannten
ONCE	One Novartis Control Environment
R&R	Risk & Resilience
RIC	Risk and Internal Control
SEC	United States Securities and Exchange Commission
SIX	Schweizer Börse/Swiss Exchange
SOA	Sarbanes-Oxley Act
sog.	so genannte
SOX	Sarbanes-Oxley Act
ua	unter anderem
uU	unter Umständen

Abkürzungsverzeichnis

va .... vor allem
vgl. .... vergleiche
vs. .... versus

zB .... zum Beispiel

Weitere allgemeine Abkürzungen finden Sie unter https://rsw.beck.de/docs/librariesprovider27/default-document-library/anlage-1_allgemeine-abk%c3%bcrzungen_1_8_2021.pdf?sfvrsn=3ba39911_0.

Abbildungsverzeichnis

Abb. 1:	Organisation der Ethik, Risiko und Compliance Abteilung	2
Abb. 2:	Risikoidentifizierung, Unternehmensrichtlinien und interne Kontrollen	4
Abb. 3:	GRC Modell nach Racz, Weippl und Seufert	5
Abb. 4:	Risk & Resilience Abteilung	10
Abb. 5:	Risikokategorien	11
Abb. 6:	Zeitlicher Ablauf des Risikomanagements für ein Geschäftsjahr	12
Abb. 7:	Generischer Ablauf eines Risiko Workshops	16
Abb. 8:	Risiko Universum	19
Abb. 9:	Mögliches Template zur Darstellung eines Risikos im Workshop	21
Abb. 10:	Risikobewertung	23
Abb. 11:	Standard Agenda als Beispiel für einen Risiko Workshop	25
Abb. 12:	Bow-Tie-Methode	26
Abb. 13:	Symmetrische 4x4 Risiko Matrix	27
Abb. 14:	Novartis Risiko Matrix inkl. Punkteskala	29
Abb. 15:	Kombinierte Risiko Matrix mit Risikobereitschaft	32
Abb. 16:	Ziel-Risikoposition ab der das Risiko für das Unternehmen akzeptiert werden kann	33
Abb. 17:	Fiktives Beispiel eines SMART Aktionsplans	36
Abb. 18:	Schritte zur Nachverfolgung von Risiken	38
Abb. 19:	Automatische Erinnerungen	40
Abb. 20:	Screenshot vom zentralen Risikomanagement IT-System	42
Abb. 21:	Informationen für den Risiko Workshop	44
Abb. 22:	Enterprise Policy Management Organisation	48
Abb. 23:	Policy Board Charter	49
Abb. 24:	Policy Governance Gremien	50
Abb. 25:	Definitionen von Policy und Richtliniendokumenten	51
Abb. 26:	Dokument Management Prozess und Verantwortlichkeiten	52
Abb. 27:	Kriterien für Policy Dokument Kategorien	53
Abb. 28:	Formular für Genehmigungsantrag	54
Abb. 29:	Genehmigungsprozess	56
Abb. 30:	High Level Document Retirement Plan	61
Abb. 31:	Supporting Materials for Document Owners	66
Abb. 32:	How to write good Policy Documents	67
Abb. 33:	System Naming Conventions	68
Abb. 34:	EPM High Level Project Plan	71
Abb. 35:	The Enterprise Policy Management Journey	72
Abb. 36:	Zusammenspiel Enterprise Risk Management (ERM) – Enterprise Policy Management (EPM) und Internal Controls (ONCE)	80
Abb. 37:	Vision ONCE	82
Abb. 38:	Angestrebte Vorteile von ONCE für Funktionen und Gesamtunternehmen	83
Abb. 39:	Glossar	85
Abb. 40:	Governance Modell Programm ONCE	87
Abb. 41:	Governance Modell Programm ONCE Solution	88
Abb. 42:	Beziehung Programm ONCE mit NFCM GB	90
Abb. 43:	ONCE Meta Prozess Modell	91
Abb. 44:	Beziehung zwischen Globaler Funktion, Control Entities, Controls und deren Ratings	92
Abb. 45:	Scoping and Assignment	96
Abb. 46:	Self-Assessment	97
Abb. 47:	Entscheidungsbaum zur Bestimmung des Control Ratings	98
Abb. 48:	Testing	100

Abbildungsverzeichnis

Abb. 49: Acknowledgement 103
Abb. 50: Kategorien von Kontrollen 106
Abb. 51: Vorlage GGC Kontrollen 108
Abb. 52: Ansicht Control Register End_User_View 111
Abb. 53: Ansicht Control Register End_User_View_Light 112

Tabellenverzeichnis

Tabelle 1:	Rollen im Enterprise Risk Management Prozess	14
Tabelle 2:	Eintrittswahrscheinlichkeit (Likelihood)	27
Tabelle 3:	Auswirkungen (Impact)	28
Tabelle 4:	Risikobereitschaft (Risk Appetite)	31
Tabelle 5:	Fiktive Szenarien von Abb. 16	34
Tabelle 6:	Beispiel für ein Pflichtenheft für ein Policy Document Management System	68
Tabelle 7:	Rollen im ONCE Prozess	93
Tabelle 8:	Control Ratings	97
Tabelle 9:	Control Ratings als Ergebnis des Testens	101
Tabelle 10:	Sample Size Matrix	102
Tabelle 11:	Anforderungskatalog für die ONCE Software Lösung	115

§ 1 Einleitung & Allgemeines

A. Einleitung

Novartis hat 2018 damit begonnen, eine einheitliche Organisation mit einem integrierten Ansatz zu Ethik, Risiko und Compliance (ERC) zu schaffen[1]. Der Leiter der Funktion ist Mitglied der Geschäftsleitung (Executive Committee of Novartis). Durch diesen integrierten Ansatz wird der reibungslose und nahtlose Informationsaustausch von schwierigen ethischen Fragestellungen, dem Risikomanagement und dem Compliance Management sichergestellt. Dies hat den Vorteil, schnell an alle notwendigen Informationen zu gelangen, um systemrelevanten und materiellen Risiken und Ereignissen aktiv vorzubeugen. Des Weiteren besteht eine enge Zusammenarbeit mit allen Funktionen und Einheiten im Unternehmen, um sicherzustellen, dass die geltenden Vorschriften, Gesetze, Grundsätze und Richtlinien eingehalten werden.

1

– Ethik: Befähigung der Mitarbeitenden, das Richtige zu tun, damit Entscheidungen den Patienten, der Gesellschaft und Novartis zugutekommen.[2]
– Risiko: Etablierung eines effektiven Risikomanagement, das Risiken, welche die Geschäftstätigkeit beeinträchtigen können, identifiziert, analysiert und behandelt.
– Compliance: Handeln im Einklang mit den geltenden Vorschriften, Gesetzen, Richtlinien und Grundsätzen, um das Richtige für Patienten, Gesellschaft und Novartis zu tun.

---

[1] Zum Ethics, Risk and Compliance System von Novartis s. den Überblick bei Moosmayer, Praxisleitfaden Compliance, 4. Auf. 2021 im Anhang.
[2] Weitere Informationen können im Novartis Code of Ethics gefunden werden: https://www.novartis.com/sites/novartis_com/files/code-of-ethics-english.pdf

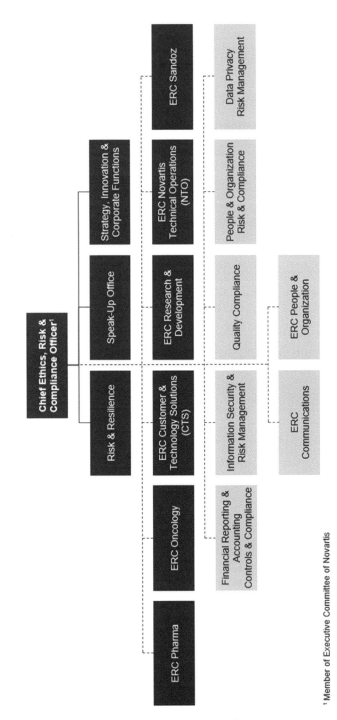

Abb. 1: Organisation der Ethik, Risiko und Compliance Abteilung

A. Einleitung § 1

Innerhalb der ERC Organisation ist die Risk & Resilience Funktion für das unternehmensweite Risikomanagement zuständig. Auch beim Risikomanagement wird ein integrierter und ganzheitlicher Ansatz verfolgt, der sich nicht nur auf den reinen Risikomanagementprozess des Unternehmens beschränkt. In der Funktion wird zB die Risikobewertung von Lieferanten und Vertriebspartnern organisiert, einem der Hauptrisikobereiche durch die bestehende Komplexität von weltweiten Lieferketten. Hierbei werden mit einem einheitlichen Prozess das Risiko bezüglich Korruption, Arbeits- und Menschenrechte, Gesundheits-, Sicherheits- und Umweltstandards (Health, Safety und Environment), Tierschutz, Datenschutz, Handelssanktionen sowie Informationssicherheit bewertet und entsprechende Maßnahmen eingeleitet. Eine enge Kooperation mit dem Einkauf ist hier selbstverständlich. Daneben ist die Risk & Resilience Funktion ebenfalls für das Krisenmanagement und die Business Continuity verantwortlich, wobei Maßnahmen aus dem Risikoprozess oft letzteres unterstützen.

Weiterhin ist die Risk & Resilience Abteilung inhaltlich wie organisatorisch damit beauftragt die globalen Unternehmensrichtlinien zu verwalten und das Interne Kontrollsystem zu organisieren. Dies ist ein bedeutender Teil des ganzheitlichen Risikomanagements, da Unternehmensrichtlinien interne sowie externe Risiken entschärfen. Mit dem internen Kontrollsystem wird die effektive Umsetzung der Richtlinien im gesamten Unternehmen sichergestellt. Daher gilt der Leitsatz, dass keine Unternehmensrichtlinie ohne Kontrolle eingeführt werden darf. Da viele Richtlinien als Maßnahmen vom Risikoprozess initiiert werden, ist eine partnerschaftliche Zusammenarbeit zwischen Risikoidentifizierung, Unternehmensrichtlinien und internen Kontrollen unabdingbar. Weiterhin ist eine konstante Abstimmung mit der Rechts-, Finanz- sowie Personalabteilung wichtig.

Abb. 2: Risikoidentifizierung, Unternehmensrichtlinien und interne Kontrollen

B. Allgemeines

Ziel ist es ein harmonisiertes System für Unternehmensrichtlinien und internes Kontrollsystem zu etablieren, mit einer jeweils einheitlichen IT-Plattform für alle Richtlinien und Kontrollen. Als dieses Ziel 2019 gesetzt wurde, gab es diverse interne Kontrollsysteme und auch keine einheitliche Definition von Richtlinien. Daher wurde damit begonnen, die Definitionen im Unternehmen klar und einheitlich zu beschreiben, sowie eine Bestandsaufnahme der Richtlinien- und internen Kontrolllandschaft zu starten. Heute hat man einen klaren Überblick über die bestehenden Richtlinien und internen Kontrollen. Bei den Richtlinien konnte man bereits ein IT gestütztes System zur Verwaltung einführen. Bei den internen Kontrollen hat man zuerst alle Kontrollen in einem einheitlichen System erfasst, um eine gemeinsame Prüfmethode zu gewährleisten. Derzeit (2022) befindet man sich in der Pilotphase zu einem IT-System, um alle Kontrollen auf einer Plattform im Unternehmen zu verwalten und zu beurteilen. Dies ist ein komplexer Prozess, welcher nun schrittweise bis 2024 vollzogen wird.

Dieses Buch soll einen Einblick in die Verzahnung dieser drei Funktionen – Enterprise Risk Management, Enterprise Policy Management und Risk & Internal Control – geben und die einzelnen Prozesse vorstellen.

B. Allgemeines

I. Governance, Risk & Compliance (GRC)

Governance beschreibt die Art und Weise, wie Führungskräfte, der Vorstand und die Aufsichtsorgane die gesamte Organisation überwachen und leiten. Sie nutzen Risiko- und Compliance-Informationen, um Risiken zu erfassen, zu mindern, zu verwalten oder zu vermeiden.

Der Begriff Governance, Risk & Compliance (GRC) umfasst ua
- eine Unternehmensführung mit definierten Mechanismen zur Entscheidungsfindung während Unsicherheit
- definierte Richtlinien und Standards zur operationellen Erreichung von festgelegten Unternehmenszielen
- ein Kontrollsystem, welches die konsequente Einhaltung von Gesetzen, Vorschriften und interner und externer Normen überwacht

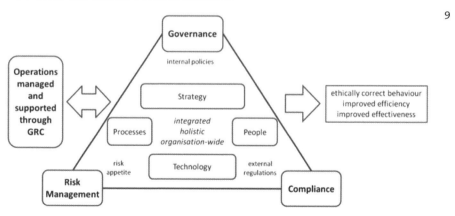

Abb. 3: GRC Modell nach Racz, Weippl und Seufert

10 Gemäß Definition von Racz, Weippl und Seufert[3], ist GRC ein integrierter, holistischer Ansatz für organisationsweite Governance, Risk und Compliance, der gewährleistet, dass die Organisation sich ethisch und gemäß ihrem Risikoappetit sowie interner und externer Vorgaben verhält, ermöglicht durch die Abstimmung von Strategien, Prozessen, Menschen und Technologie, wodurch Effizienz und Effektivität gesteigert werden.

II. GRC als strategischer Erfolgsfaktor bei Novartis

11 Novartis betrachtet GRC als strategischen Erfolgsfaktor, der nachhaltige, risikoorientierte und regelkonforme Unternehmensführung fördert. Zur Unterstützung eines ganzheitlichen Corporate Governance Ansatzes wurden 2019 ua mehrere Abteilungen innerhalb der globalen Funktion ERC und speziell im Bereich Risk & Resilience neu aufgestellt oder gänzlich neu geschaffen: Enterprise Risk Management (ERM), Enterprise Policy Management (EPM) und Risk & Internal Control (RIC).

12 Im folgenden Kapitel soll aufgezeigt werden, wie Novartis die og Bereiche in einen ganzheitlichen Zusammenhang bringt. Folgende Ziele wurden definiert:
– Schutz vor ungünstigen Risiken
– Fokus auf Unternehmensziele
– Schaffung von Transparenz und Identifikation von Synergien
– Steigerung der Prozesseffizienz
– Einhaltung von gesetzlichen Vorgaben sowie internen und externen Vorschriften (zB Compliance, Sarbanes-Oxley Act, Datenschutz, Sunshine Act)

III. Historie

13 Novartis wurde 1996 durch die Fusion von Ciba-Geigy und Sandoz gegründet. Die Geschichte von Novartis und ihren Vorgängerunternehmen reicht 250 Jahre weit zurück. Stets standen innovative Produkte im Vordergrund. Den Anfang machte die Produktion synthetischer Farbstoffe. Dann fächerte sich die Palette auf, es folgten Chemikalien, pharmazeutische Wirkstoffe, bzw. Medikamente.

14 Drei Unternehmen stehen im Mittelpunkt der Unternehmensgeschichte: Geigy, ein Unternehmen, das seit Mitte des 18. Jahrhunderts in Basel, Schweiz, mit Chemikalien und Farbstoffen handelte; Ciba, das 1859 mit der Produktion von Farbstoffen begann; und Sandoz, ein Chemieunternehmen, das 1886 in Basel gegründet wurde. Ihr verbindendes Element war die Entwicklung und Vermarktung von Produkten, die ausgehend von neuen Erkenntnissen in Wissenschaft und Gesundheit zum menschlichen Fortschritt beitragen.

15 In den Jahren nach der Fusion verstärkt Novartis den Fokus auf den Gesundheitsbereich und lagert Sparten wie das Agrar- und Ernährungsgeschäft zunehmend aus. Es folgen Eröffnungen von globalen Forschungszentren in Cambridge, Massachusetts, und in Shanghai neben dem existierenden Forschungsstandort in Basel, sowie die Übernahme weiterer kleiner Life Science Unternehmen. 2019 überführt Novartis das Augenheilkunde-Unternehmen Alcon, bis dato eine Tochterfirma, in ein eigenständiges Unternehmen. Parallel erfolgt als Ergänzung zum breit aufgestellten Portfolio eine weitere Fokussierung auf hochmoderne und transformative Therapien, mit denen hauptsächlich schwere Formen von Krebs sowie äußerst seltene Erkrankungen behandelt und im besten Falle geheilt wer-

---

[3] A Frame of Reference for Research of Integrated Governance, Risk and Compliance (GRC), N. Racz, E. Weippl und A. Seufert, Conference: Communications and Multimedia Security, 11th IFIP TC 6/TC 11 International Conference, CMS 2010, Linz, Austria, May 31 – June 2, 2010
  https://www.researchgate.net/profile/Andreas_Seufert/publication/221521336_A_Frame_of_Reference_for_Research_of_Integrated_Governance_Risk_and_Compliance_GRC/links/0fcfd50ea901faf290000000/A-Frame-of-Reference-for-Research-of-Integrated-Governance-Risk-and-Compliance-GRC.pdf

den sollen.[4] Im Jahr 2020 erzielte Novartis einen Umsatz von 48,6 Mrd USD mit einem Nettoergebnis von 8,1 Mrd. USD.[5]

Novartis ist sowohl an der Schweizer Börse SIX Swiss Exchange als auch an der US-amerikanischen Börse New York Stock Exchange (NYSE) registriert und gelistet. Damit untersteht Novartis auch der US-amerikanischen Börsenaufsichtsbehörde SEC (United States Securities and Exchange Commission), welche ua Compliance mit dem im Jahr 2002 eingeführten Sarbanes-Oxley Gesetz (kurz SOX oder auch SOA) verlangt.

SOX wurde als Gegenmaßnahme verabschiedet, um Bilanzskandalen wie bei Enron, Tyco, Worldcom, ua aufgrund mangelnder interner Kontrollen zu begegnen. Das Sarbanes-Oxley-Gesetz verlangt deshalb von Unternehmen, die der amerikanischen Börsenaufsicht unterstehen, eine im Wesentlichen korrekte Berichterstattung über ihre Finanzergebnisse. Konkret müssen der Geschäftsführer, der Leiter der Finanzabteilung (CFO) und der Abschlussprüfer die Effektivität der internen Kontrollen je Geschäftsjahr überprüfen und bestätigen.

Auch in Europa wuchs der regulatorische Druck in den letzten Jahrzehnten, ebenso ausgelöst durch Unregelmäßigkeiten in der Unternehmensbuchführung in der Vergangenheit bei verschiedenen Firmen, beispielsweise bei Ahold, Parmalat und Hauspie.

Diese und verschiedene weitere neue Gesetze und Regulatorien in anderen Ländern haben die Art und Weise der Rechnungslegung globaler Unternehmen signifikant und nachhaltig verändert. Damit einhergehend haben sich die Compliance Anforderungen erheblich erhöht, insbesondere derer betreffend eines funktionierenden Internen Kontrollsystems für die finanzielle Berichterstattung oder auch ICFR („Internal Controls over Financial Reporting"). Dies nicht nur aus gesetzlicher, bzw. regulatorischer Perspektive, sondern mehr und mehr auch aus Aktionärs- und genereller Stakeholder Sicht.

Novartis befürwortet einen ganzheitlichen Corporate Governance Ansatz mit der Verzahnung von Enterprise Risk Management, Enterprise Policy Management und Risk & Internal Control. Dies wird als strategischer Erfolgsfaktor im Hause gesehen, der nachhaltige, risikoorientierte und regelkonforme Unternehmensführung fördert.

---

[4] Zur Historie von Novartis s. bei Walter Dettwiler, 25 Years of Novartis 250 Years of Innovation, 2021 oder https://www.novartis.com/about/25-years-novartis-more-250-years-innovation.
[5] S. Novartis Geschäftsbericht 2020, https://www.novartis.com/media-library/novartis-annual-report-2020.

§ 2 Enterprise Risk Management

A. Enterprise Risk Management – Organisation, Gremien und Aufgaben

Laut ISO-Norm 31000[6] ist „Risiko die Auswirkung von Unsicherheit auf Ziele". Eine Auswirkung stellt dabei sowohl eine Abweichung in positiver oder negativer Richtung als auch in beide Richtungen dar. Üblicherweise wird Risiko anhand der Risikoursache, der potenziellen Ereignisse, ihrer Auswirkungen und ihrer Wahrscheinlichkeit dargestellt. Risiko ist ein zukunftsbezogener Sachverhalt, welcher im Falle des Eintritts einen konkreten Schaden verursacht.

Risikomanagement ist ein kontinuierlicher Prozess und Kernaufgabe jeder Führungskraft in jeder Stufe des Unternehmens. Der Enterprise Risk Management Prozess soll das Management bei dieser Aufgabe unterstützen, um Risiken zeitnah und adäquat zu identifizieren, priorisieren und ggf. zu eskalieren. Der Prozess soll ebenfalls dabei helfen die Gegenmaßnahmen auszuarbeiten, mit dem Ziel das Risiko für das Unternehmen in einem tolerierbaren Bereich zu halten. Der Prozess
– kreiert Mehrwert, da er die Qualität einer Entscheidung durch die systematische Analyse der möglichen Risiken und potenziellen Folgen mit deren Wahrscheinlichkeit und Auswirkungen verbessert,
– schützt Werte durch die Verbesserung der operativen Performance und hilft somit, Verluste und Reputationsschäden zu vermeiden,
– erlaubt es, gut informierte und durchdachte strategische sowie operative Entscheidungen zu treffen und hilft Risiken aber auch Chancen frühzeitig zu erkennen.

Bei Novartis ist das Enterprise Risk Management Teil der Risk & Resilience Funktion, die zur Ethik, Risiko und Compliance Organisation gehört. Die Risk & Resilience Funktion ist eine Governance Funktion mit Richtlinien Kompetenz in ihren Kernbereichen und besteht derzeit aus acht Abteilungen (s. Abb. 4):
– Enterprise Risk Management: Definiert und legt den Prozess für das globale Risikomanagement inkl. der Maßnahmen zur Risikovermeidung fest.
– Health, Safety, Environment & Resilience: Gibt die globalen Health, Safety, Environment sowie die Business Continuity und Emergency Management Standards vor und leitet globale Krisenstäbe zB das zentrale Krisenmanagement der Covid-19 Maßnahmen.
– Enterprise Policy Management: Setzt den Standard für globale Unternehmensrichtlinien und verwaltet die globalen Rundschreiben.
– Risk & Internal Control: Definiert und verwaltet die interne Kontrolllandschaft konzernweit.
– Central ERC Monitoring: Führt unabhängige spot-checks innerhalb der ERC Organisation durch sowie Compliance Audits bei Lieferanten und Vertriebspartnern und dokumentiert die Ergebnisse.
– Remediation: Stellt die zeitnahe und qualitativ hochwertige Abarbeitung der Schwachstellen aus den Central Monitoring Reports sicher und hilft den betroffenen Einheiten bei der Abarbeitung.

---

[6] ISO 31000:2018, Risk management — Guidelines, s. https://www.iso.org/standard/65694.html.

- Third Party Risk Management: Gibt den einheitlichen globalen Prozess für die Risikobewertung von Lieferanten und Vertriebspartnern vor und koordiniert die verschiedenen Risikogebiete.
- Enterprise Monitoring Coordination: Koordiniert und standardisiert die unterschiedlichen Monitoring Aktivitäten der verschiedenen Abteilungen bei Novartis.

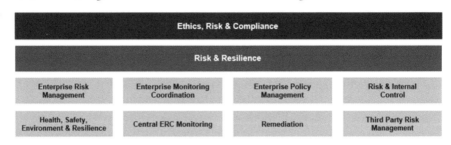

Abb. 4: Risk & Resilience Abteilung

5 Die Hauptaufgabe der Enterprise Risk Management Abteilung umfasst:
- Governance des globalen Risikomanagement Regelwerks inkl. Richtlinien, Handbüchern, Prozess und zentralem IT-Tool.
- Training und Unterstützung aller Einheiten bei der Durchführung von Risiko Workshops.
- Regelmäßige Nachverfolgung identifizierter Risiken sowie der Maßnahmen.
- Analyse und Konsolidierung aller identifizierten Risiken für das Gesamtunternehmen in einem jährlichen Risikobericht.
- Förderung einer Risiko Kultur, um Risiken nicht rein zu vermeiden, sondern akzeptable Risiken anzunehmen und aktiv zu managen.

6 Um ein effektives und erfolgreiches Risikomanagement zu implementieren ist folgende Unterstützung durch die Unternehmensleitung notwendig:
- Regelmäßiger Austausch mit der strategischen Planung des Unternehmens.
- Einbindung des Risikomanagements in die regulären Geschäftsprozesse und Abläufe.
- Klare Verantwortliche für die einzelnen Risiken sowie deren Maßnahmen inkl. kontinuierliches und aktives Nachverfolgen.
- Förderung einer offenen Kommunikation, die Fehler toleriert und den Austausch von positiven sowie negativen Erfahrungen begünstigt.

7 Weiterhin empfiehlt sich – da Risikomanagement ein zentraler Prozess ist, der vom Austausch der Assurance Funktionen[7] lebt – die Einrichtung eines Risk Leadership Teams, um eine Plattform des kontinuierlichen Dialoges zu schaffen. In diesem Gremium werden das Risikomanagement Regelwerk, die Unternehmensrisiken, internen Kontrollen und weitere relevante Themen zum Risikomanagement quartalsweise diskutiert und besprochen. Die genauen Aufgaben und Rollen der Gruppe sind in einer Charta verankert. Bei Novartis ist der Leiter der Risk & Resilience Funktion der Chairman des Risk Leadership Teams. Weitere Teilnehmer sind der Chief Ethics, Risk and Compliance Officer (Mitglied der Geschäftsleitung), der Globale Leiter Internal Audit, sowie die Leiter der einzelnen Fachbereiche und die Risikokoordinatoren der operativen Einheiten. Das Risk Leadership Team hat hierbei folgende Aufgaben:
- Weiterentwicklung der Risiko Kultur im gesamten Unternehmen.
- Sicherstellung der Effektivität des Risikomanagement Prozesses und der systematischen Einbindung in die täglichen Geschäftsprozesse.

---

[7] Mit Assurance Funktionen meint der Autor vor allem die Fachabteilungen der 2nd Line of Defence Funktionen sowie Audit (3rd Line of Defence)

B. Zeitlicher Ablauf im Geschäftsjahr § 2

- Entwicklung von Ideen, um das Risikomanagement weiter zu entwickeln und kontinuierlich zu verbessern.
- Bewertung von zentralen Maßnahmen zur Minimierung spezifischer Risiken.
- Feedback zu neuen Richtlinien oder anderen relevanten Themen mit Bezug zum Enterprise Risk Management.
- Mitarbeit bei der Analyse und Konsolidierung der identifizierten Risiken für das Gesamtunternehmen.

Das Risk Leadership Team trifft sich mind. einmal pro Quartal, um sich zu den verschiedenen Aktivitäten im Unternehmen auszutauschen. Des Weiteren ist das Risk Leadership Team das Gremium, in dem die wichtigsten Risiken für das Gesamtunternehmen besprochen und jedes Jahr vorgeschlagen werden. Dies geschieht in einem mehrtägigen Workshop zum Ende jeden Jahres. Der Vorschlag wird von der Geschäftsleitung final verabschiedet und dem Risikoausschuss des Verwaltungsrats präsentiert.

Generell werden bei Novartis die Risiken in vier Kategorien eingeteilt:
- Strategische Risiken: Wirken sich am stärksten auf die Fähigkeit von Novartis aus, die Strategie umzusetzen oder ihre Geschäftsziele zu erreichen.
- Operative Risiken: Ergeben sich aus unzureichenden oder fehlgeschlagenen internen Prozessen und/oder Systemen, Fehlern von Mitarbeitern oder externen Ereignissen.
- sich entwickelnde (Emerging) Risken: Bedürfen einer genauen Überwachung und haben das Potential sich zu einem bedeutenden operationellen oder strategischen Risiko entwickeln zu können.
- Aktuelle Themen (Awareness Topics): Werden vom Risikomanagement noch nicht in der Risiko Matrix berücksichtigt, haben aber das Potenzial sich zu einem neuen Risiko zu entfalten.

Abhängig von der Kategorie werden verschiedene Schritte unternommen, die Risiken entsprechend zu managen und zu reduzieren. In den folgenden Kapiteln wird dieser Prozess genauer dargestellt.

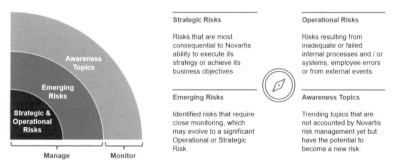

Abb. 5: Risikokategorien

B. Zeitlicher Ablauf im Geschäftsjahr

Der Enterprise Risk Management Prozess ist bei Novartis in mehrere Phasen unterteilt, die aufeinander aufbauen, um am Ende des Jahres ein volles Gesamtbild zu erlangen (s. Abb. 6). Im ersten Quartal eines jeden Jahres werden Risiko Workshops auf Landesebene durchgeführt. Hierbei wird besonderer Fokus auf die 11 Länder gelegt, die den größten Umsatzbeitrag zum Unternehmen leisten. Hiermit wird ca. 75 % des Gesamtumsatzes abgedeckt. Des Weiteren werden am Anfang des Jahres im Risk Leadership Team fünf weitere Länder festgelegt, in denen verpflichtend ein Risiko Workshop durchzuführen ist. Basis für die Entscheidung sind zukünftige Wachstumspläne, Audit Feststellungen in den letzten Jahren, generelle Risikoeinschätzungen infolge externer Faktoren und/oder weitere interne Faktoren oder Auffälligkeiten. Außerdem steht es jedem Land offen, freiwillig einen Risiko Workshop durchzuführen, welcher dann ebenfalls von dem Globalen Enterprise Risk Management Team betreut und begleitet wird.

13   **Praxistipp – Risiko Workshops auf Landesebene**
– Rechtzeitige Information des Führungsteams des Landes, um das Ziel und den Nutzen des Risiko Workshops klar zu erklären. Dies hilft bei der Durchführung nachhaltig, da die Landesorganisation meist nicht alle Informationen und Hintergründe aus dem Headquarter kennt.
– Die Durchführung des Workshops in Landessprache macht es den Teilnehmern leichter die Risiken zu besprechen und erhöht die Akzeptanz. Dies ist vor allem bei lokalen Führungsteams relevant und ermöglicht es allen aktiv teilzunehmen.
  ❏ Sollte aus dem Globalen Enterprise Risk Management Team jemand die Landessprache sprechen, sollte diese Person an dem Workshop zur fachlichen Unterstützung teilnehmen. Diese Person sollte auch als die generelle Kontaktperson benannt werden.
  ❏ Sollte aus dem zentralen Team niemand die Landessprache sprechen, sollte der Risikokoordinator vor Ort besonders intensiv vorab geschult werden, damit der Workshop trotzdem in lokaler Sprache durchgeführt werden kann.
  ❏ Ein Zwang den Workshop auf Englisch zu veranstalten (wenn es sich um kein internationales Führungsteam handelt) wirkt meistens kontraproduktiv und führt zu eingeschränkten Diskussionen und Ergebnissen.
  ❏ Die Dokumentation der Ergebnisse nach dem Workshop ist zwingend auf Englisch erforderlich, damit eine globale Datenlage geschaffen werden kann. Das Globale Enterprise Risk Management Team kann hierbei helfen, die richtigen Formulierungen zusammen mit dem lokalen Risikokoordinator zu finden.
– Teilweise ergeben sich aus den Ergebnissen auf Landesebene gänzlich andere Risiken und/oder Priorisierungen als von außen betrachtet. Dies sollte sachlich und kritisch hinterfragt werden, aber auch zu einem gewissen Teil akzeptiert, da es sich um die Einschätzung des lokalen Management Teams handelt, welches die Situation im Land besser kennt und auch vertreten muss.

14

Abb. 6: Zeitlicher Ablauf des Risikomanagements für ein Geschäftsjahr

15   Im 2. Quartal werden Risiko Workshops auf globaler Divisions- und Business Unit Ebene sowie in den globalen Organisationseinheiten organisiert und durchgeführt. Ferner sind die Funktionen (Stabsabteilungen/Corporate Departments) aufgefordert entweder einen formellen Risiko Workshop oder ein dediziertes Meeting im Leitungskreis zu ihren Risiken abzuhalten. Ein formeller Workshop ist meistens zielführend, wenn es sich um

eine große Abteilung handelt, es signifikante neue Themen und Aufgaben gibt, größere Personalwechsel vorkamen oder sich viele externe Faktoren neu ergeben haben. Ein Meeting zu den Risiken ist meist ausreichend, wenn es sich um eine kleinere Abteilung mit stabilem Umfeld handelt. All diese Funktionen haben Zugriff auf die vorher im Land ermittelten Risiken und können daher auf Basis dieser Grundlage und ihrer Risiken aus dem vergangenen Jahr ihre neue Risikolandschaft bestimmen und festlegen.

Im 3. Quartal findet der jährliche Risiko Workshop mit dem Risk Leadership Team und eingeladenen Gästen statt. Hier werden innerhalb von vier Tagen alle Ergebnisse der Risiko Workshops aus dem 1. und 2. Quartal besprochen, bewertet, Parallelen herausgearbeitet, aggregiert und konsolidiert. Schlussendlich werden die konsolidierten Risiken mit Blick auf das Gesamtunternehmen bewertet und übergreifende Maßnahmen erarbeitet. Die Risiken werden dabei in strategische, operative oder sich entwickelnde (emerging) Risiken klassifiziert. Eine weitere Kategorie sind aktuelle Themen (Awareness Topics), welche noch nicht als Risiko eingestuft werden, aber für weitere Beobachtungen auch festgehalten werden. Diese Gruppierung vereinfacht die Diskussion mit der Geschäftsleitung und anderen Beteiligten, um die Auswirkungen des Risikos auf dem ersten Blick erkenntlich zu machen.

Im 4. Quartal finden für die Unternehmensrisiken die finalen Abstimmungen mit den verantwortlichen Funktionen statt, um das Risiko möglichst genau zu beschreiben, den Status der Maßnahmen zu evaluieren und neue Maßnahmen festzulegen. Im Anschluss wird ein interner Risiko Bericht erstellt, welcher der Geschäftsleitung zur finalen Freigabe vorgelegt wird. Der Risikoausschuss des Verwaltungsrats wird nach der Freigabe über die Ergebnisse unterrichtet. Danach wird dieser im Unternehmen kommuniziert und der Prozess für das neue Geschäftsjahr wird gestartet.

> **Hinweis**
>
> Die einheitliche Methodik des Enterprise Risk Management sollte nicht nur in Risiko Workshops von Ländern oder Divisionen angewandt werden, sondern in allen Bereichen des Unternehmens. Dies betrifft vor allem strategische interne Projekte oder große Kundenprojekte. Auch hier bieten sich dedizierte Risiko Workshops mit den Projektteams an, wobei die Ergebnisse in der einheitlichen Risiko Matrix und später im zentralen IT-System hinterlegt werden. So können ein einheitlicher Standard und übergreifende Transparenz aller Risiken im gesamten Unternehmen sichergestellt werden.

C. Enterprise Risk Management Prozess

I. Rollen im Enterprise Risk Management Prozess

Es gibt unterschiedliche Rollen und Verantwortlichkeiten im Enterprise Risk Management Prozess. Diese sind im Unternehmen entsprechend definiert. Wichtig ist es, diese auf die Organisation auszulegen, abzustimmen und kontinuierlich anzupassen. Die genannten Rollen sollen als Beispiel dienen, können aber nicht ohne weitere Anpassung an die Zielorganisation übernommen werden.

20 Tabelle 1: Rollen im Enterprise Risk Management Prozess

Rolle	Verantwortlichkeit
Gesamtverantwortlicher für das Risikomanagement der Einheit zB Geschäftsverantwortlicher Leiter einer Abteilung / Organisationseinheit / Funktion oder eines Landes	– Gesamtverantwortung für den Risikomanagementprozess in der jeweiligen Einheit – Stellt sicher, dass Risikomanagement als regelmäßiger Tagesordnungspunkt bei Sitzungen des Führungsteams aufgenommen wird – Ernennung eines Risikokoordinators als zentralen Ansprechpartner für das Globale Enterprise Risk Management Team sowie zur Operationalisierung des Risikomanagementprozesses in der Einheit – Validierung der Ergebnisse der Risikobewertung einschließlich der Risikobereitschaft und der Aktionspläne – Benennung von Risikoverantwortlichen – Sicherstellung angemessener Ressourcen für die Umsetzung von Aktionsplänen – Überprüfung der vierteljährlichen Statusberichte – Förderung von konstruktiven und offenen Risikodiskussionen
Risikokoordinator einer Abteilung / Organisationseinheit / Funktion oder eines Landes	Ermöglicht eine effiziente Durchführung von Risikomanagementaktivitäten durch Koordinierung und Organisation aller damit verbundenen Aktivitäten der Vorbereitung, Kommunikation, Durchführung und Nachbereitung: – Sicherstellung der ordnungsgemäßen Umsetzung des Risikomanagementprozesses in der Einheit – Schulung des Führungsteams und aller notwendigen Interessengruppen über den Prozess, die Rollen und Verantwortlichkeiten und Risikomanagement im Allgemeinen – Organisation und Moderation der jährlichen Risiko Workshops und bei Bedarf von ad-hoc-Risiken – Sicherstellung des Abschlusses des Risiko-Prozesses, einschließlich Meldung aller erforderlichen Informationen in das zentrale IT-Tool – Organisation von vierteljährlichen Risiko- und Aktionsplanüberprüfungen mit den Risikoverantwortlichen – Koordinierung des Fortschritts der Aktionspläne und Gewährleistung der Qualität der Risikobeschreibung sowie der Aktionspläne mit Hilfe der SMART Methodik (Specific, Measurable, Achievable, Reasonable, Time-bound) – Überprüfung der abgeschlossenen Aktionspläne, einschließlich der Nachweise – Rechtzeitige Eskalation von Problemen im Prozess an das Globale Enterprise Risk Management Team
Risikoverantwortlicher	– Nach Möglichkeit Mitglied des Führungsteams der Einheit – Verwaltung und Dokumentation des zugewiesenen Risikos – Aktive Teilnahme an Risiko Workshops und -diskussionen – Festlegung von Maßnahmen für das verantwortliche Risiko – Stellt sicher, dass die erforderlichen Ressourcen für die Durchführung von Aktionsplänen verfügbar sind – Rechtzeitige und wirksame Umsetzung der Aktionspläne – Regelmäßige Übermittlung aktueller Informationen über das Risiko an den Risikokoordinator – Regelmäßige Überprüfung (mind. einmal pro Quartal) des Fortschritts der Aktionspläne

Rolle	Verantwortlichkeit
Aktionsplan Verantwortlicher	– Entwicklung und effektive Umsetzung von Aktionsplänen mit Hilfe der SMART Methodik (Specific, Measurable, Achievable, Reasonable, Time-bound) – Fertigstellung der Aktionspläne gemäß dem geplanten Fälligkeitsdatum – Archivierung relevanter Nachweise im zentralen IT-Tool zum Nachweis der Fertigstellung der Aktionspläne – Mindestens vierteljährliche Aktualisierung des zentralen IT-Tools über den Fortschritt bei den Aktionsplänen und rechtzeitige Mitteilung von Verzögerungen an den Risikoverantwortlichen und den Risikokoordinator unter Angabe der Ursachen
Globales Enterprise Risk Management Team	Das Globale Enterprise Risk Management Team ist für den Prozess und die Methodik des Risikomanagements im Unternehmen verantwortlich. – Gestaltung und Förderung eines einheitlichen und integrierten Risikomanagementprozesses im Unternehmen – Festlegung, Überprüfung und Pflege von Risikomanagement-Leitlinien, -Handbüchern, -Prozessen und -Tools zur kontinuierlichen Verbesserung – Überwacht die Durchführung der Risikoprozesse im Unternehmen durch interne Kontrollen – Durchführung von Schulungen für Risikokoordinatoren und alle Mitarbeiter, bei denen ein Bedarf oder Nutzen festgestellt wurde – Unterstützung der Risikokoordinatoren – Regelmäßige Überprüfung externer Benchmarking Daten auf bewährte Risikomanagementverfahren, sowie Erkenntnisse über Risikotrends – Mindestens jährliche Berichterstattung über wesentliche Risiken an die Geschäftsleitung und den Risikoausschuss des Verwaltungsrats

II. Ablauf eines Risiko Workshops

Die Risiko Workshops finden bei Novartis vor allem im 1. und 2. Quartal eines jeden Jahres in den Ländern und jeweiligen globalen Einheiten statt. Der generische Ablauf eines Workshops und Risiko Zyklus ist hierbei immer gleich, egal ob dieser Workshop auf Landesebene oder globaler Ebene durchgeführt wird (s. Abb. 7).

§ 2 Enterprise Risk Management

22

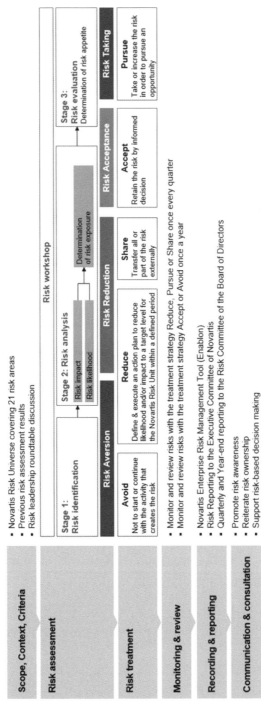

Abb. 7: Generischer Ablauf eines Risiko Workshops

III. Vorbereitung des Risiko Workshops

23 Der erste Schritt zu einer soliden Bewertung der Risiken ist die Vorbereitung. Es hat sich in den vergangenen Jahren mehrfach bestätigt, dass diese einer der kritischsten Schlüsselfaktoren für eine erfolgreiche Analyse, Bewertung und Beschreibung der Risiken ist. Verantwortlich hierfür ist der Risikokoordinator in der jeweiligen Einheit, welcher eine zentrale Rolle für den Prozess spielt. Die Vorbereitung beginnt mit der kritischen Durchsicht der Ergebnisse des vorherigen Jahres. Dabei muss beleuchtet werden, ob das Risiko generell weiter für die Einheit besteht oder nicht. Hierfür müssen mehrere Faktoren berücksichtigt werden:
- Wie ist der Stand der beschlossenen Maßnahmen vom letzten Jahr? Wurden diese teilweise oder gänzlich abgeschlossen und welchen Einfluss haben diese auf das Risiko? Sind Maßnahmen stark verzögert und birgt dies zusätzliche Risiken?
- Hat sich die externe Umwelt (Politik, Kunden, Lieferanten, Wettbewerb, Finanzmärkte, etc.) verändert und was sind die Einflüsse auf die bestehenden Risiken? Ergeben sich ggf. neue Risiken durch die veränderte Umwelt oder sind bestehende Risiken nicht mehr relevant?
- Welche wesentlichen unternehmensinternen Veränderungen – strategisch oder operativ – haben sich ergeben und welchen Einfluss haben diese auf die Risikolandschaft der Einheit?

24 Gerade für die Analyse der Umwelt können vielfältige Unterlagen herangezogen werden, welche frei verfügbar im Internet zu finden sind. Folgendes ist nur eine exemplarische Auswahl ohne Bewertung oder spezifische Empfehlung und nicht abschließend. Dies soll nur als erster Anreiz zur eigenen Recherche dienen.
- Allianz Risk Barometer
  https://www.agcs.allianz.com/news-and-insights/reports/allianz-risk-barometer.html
- Eurasia Group
  https://www.eurasiagroup.net/
- Swiss Re
  https://www.swissre.com/institute/research/sonar.html
- World Bank Group
  https://www.worldbank.org/en/home
- World Economic Forum
  https://www.weforum.org/
- Diverse Publikationen von EY, KPMG, PwC oder Deloitte
  zB Megatrend Report von EY; https://www.ey.com/en_rs/megatrends

Schritte für den Risikokoordinator zur Vorbereitung des Risiko Workshops 25
- Zwei Monate vor dem Workshop
  ❏ Kontaktaufnahme mit dem Globalen Enterprise Risk Management Team, um eine klare Einweisung und Schulung zu erhalten (falls nicht bereits in einem der Vorjahre geschehen)
  ❏ Sicherstellung der Anwesenheit des Gesamtverantwortlichen für das Risikomanagement der Einheit sowie des Führungsteams beim Workshop (2 bis 3 Stunden)
  ❏ Auswahl und Einladung weiterer Experten und/oder funktionsübergreifender Teams
- Einen Monat vor dem Workshop
  ❏ Befragung der wichtigsten Führungskräfte zu den Risiken
  ❏ Überprüfung der Ergebnisse der Risikobewertung des Vorjahres
  ❏ Analyse von internen sowie externen Dokumenten
  ❏ Ausarbeitung von möglichen Risiken

> – Zwei Wochen vor dem Workshop
> - ❏ Organisation aller erforderlichen Materialien
> - ❏ Präsenzworkshop: Sicherstellung der Logistik, Projektor, gedruckte Poster (Risiko Matrix), Flipchart mit Stiften, Markern und Haftnotizen
> - ❏ Digitaler Workshop: Vorbereitung eines digitalen Whiteboards
> - ❏ Versenden der Dokumente vorab an alle Teilnehmer zur Vorbereitung

26 Bei der Bewertung der unternehmensinternen Situation hat sich die Durchführung von kurzen Einzelinterviews mit den jeweiligen Mitgliedern des Führungsteams der Einheit (zB Geschäftsverantwortlicher, Kaufmännischer Leiter, Vertriebsleiter, Einkaufsleiter, Auditleiter, etc.) und weiteren Stakeholdern als besonders effizient und ertragreich erwiesen. Des Weiteren können auch diverse interne Unterlagen durchgegangen und analysiert werden. Als Beispiel seien hier Strategie Berichte und Präsentationen, Audit Berichte, Unterlagen zur Geschäftsdurchsprache oder Prozessanalysen genannt. Die Auswahl hängt stark von der Einheit und dem Umfeld ab und muss individuell vom Risikokoordinator beurteilt werden, um eine bestmögliche Vorbereitung zu gewährleisten. Als Hilfestellung dient das Risiko Universum mit generellen Risikogruppen / Überschriften (s. Abb. 8), um sicherzustellen, dass alle relevanten und mögliche Themen im Rahmen der Vorbereitung berücksichtigt wurden. Die Details der jeweiligen Risiken unter diesen Gruppen müssen weiter ausgearbeitet werden. Daher dient das Risiko Universum nur zur groben Hilfestellung, damit kein Thema vergessen wird, welches die Einheit treffen kann.

C. Enterprise Risk Management Prozess § 2

Novartis Risk Universe

This is a list of potential risk areas that could affect a Novartis Risk Unit, as a basis to determine your risk portfolio. In each risk area, there are sub levels of areas which help you specify the risk content.

1) Competition
2) Data Privacy
3) Digital
4) Ethics & Compliance (E&C)
5) Finance
6) Growth
7) Health, Safety & Environment (HSE)
8) Human Rights
9) Innovation
10) Intellectual Property (IP)
11) IT
12) Legal
13) Organizational & Structural Changes / Transactions
14) People & Organization (P&O)
15) Product Supply
16) Quality
17) Regulatory
18) Security
19) Societal & Geopolitical
20) Third Parties
21) Use of Social Media & Interactive Internet Platforms

Abb. 8: Risiko Universum

27 Als Ergebnis der Vorbereitung sollte der Risikokoordinator ein klares Bild davon haben, welche Risiken aus dem letzten Jahr bestehen bleiben oder entfernt werden sollten und vor allem, warum dies der Fall ist. Des Weiteren sollte er potenzielle neue Risiken oder Chancen sowie Hypothesen und kritische Fragen für die Diskussion im Risiko Workshop identifiziert haben. Der Risikokoordinator bereitet hierzu alles vor und fasst dies in einer Präsentation zusammen. Er trifft hierbei keine eigene Entscheidung, sondern erstellt lediglich eine Zusammenfassung der Erkenntnisse, damit diese dann im Risiko Workshop besprochen und final entschieden werden können. Der jeweilige Gesamtverantwortliche der Einheit trägt die Verantwortung des Geschäfts und damit auch die Risiken. Die Vorbereitung ist ein wichtiger Schritt zur Identifikation der Risiken und stellt einen essenziellen Beitrag des Risikokoordinators zum Gelingen des Workshops im Gesamtprozess dar.

C. Enterprise Risk Management Prozess   § 2

28

Risk Title:			Risk Owner:	
Risk Identification	Root Causes • • •	Scenarios • • •	Consequences • • •	
Risk Assessment	Likelihood 5 – Almost Certain 4 – Likely 3 – Possible 2 – Unlikely 1 – Rare	Impact 5 – Severe 4 – Major 3 – Moderate 2 – Minor 1 – Insignificant	Risk Exposure • Low • Medium • High • Very High	Risk Appetite • Risk Aversion • Risk Taking • Risk Reduction • Risk Acceptance	BC Impact Is it possible to disrupt a key business process defined in a business continuity plan? • Yes • No
Risk Treatment	• Avoid	• Pursue	• Reduce	• Share	• Accept

Abb. 9: Mögliches Template zur Darstellung eines Risikos im Workshop

29 **Praxistipps für einen Risikokoordinator**
- Rechtzeitiges Briefing des Führungsteams der Einheit und Vorbesprechung mit den wichtigsten Interessengruppen
- Einführung in den Workshop mit einer kurzen Präsentation, um den Kontext darzustellen
- Sicherstellung eines angemessenen Zeitrahmens für den Workshop
- Aktive Moderation der Diskussionen mit Schwerpunkt auf den wichtigsten Risiken
- Begrenzung der Anzahl der Risiken auf etwa 10
- Klare und prägnante Beschreibung der Risiken, mit Szenarien oder Ereignissen, Quellen oder Ursachen der Risiken und den Auswirkungen oder Folgen
- Unterschiedliche Perspektiven und Meinungen zulassen, um eine offene Diskussion zu fördern
- Die Positionierung in der Risiko Matrix ist nicht entscheidend, sondern eine solide Bewertung der Auswirkungen und der Eintrittswahrscheinlichkeit
- Festlegen von Verantwortlichkeiten und verständlichen Aktionen

IV. Durchführung des Risiko Workshops

30 Die Risikoidentifikation (Risk Assessment) zielt darauf ab, Risiken zu finden, zu erkennen und zu beschreiben, basierend auf dem Risiko Universum. Bei der Identifikation wird ein Zeitrahmen von fünf Jahren berücksichtigt, in dem die Risiken die Ziele und Absichten der Einheit beeinträchtigen können. Es geht dabei darum, das Restrisiko (Current/Residual Risk Exposure – s. Abb. 10) für die Einheit zu identifizieren, wobei alle Kontrollen und bereits vorhandene Aktivitäten bei der Bewertung berücksichtigt werden.

C. Enterprise Risk Management Prozess §2

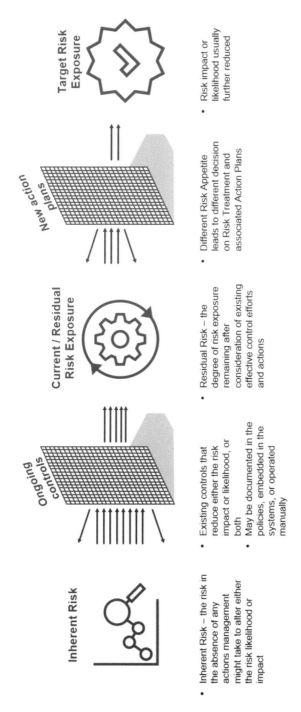

Abb. 10: Risikobewertung

31   Geeignete und aktuelle Informationen sind für die Identifizierung von Risiken entscheidend. Risiko Workshops, an denen Führungskräfte aus verschiedenen Bereichen und Ebenen beteiligt sind, sind die beste und integrative Möglichkeit, Risiken auf breiterer Basis zu erfassen. Es muss eine offene und vertrauensvolle Atmosphäre geschaffen werden, um eine lebhafte Diskussion zu ermöglichen, in der die wichtigsten Risiken herausgearbeitet werden. Kritik oder „Finger Pointing" sind in solch einem Workshop nicht zielführend.

32   Für einen erfolgreichen Workshop empfiehlt es sich, mind. 2 Stunden einzuplanen, um eine Diskussion der Risiken und Analysen zulassen zu können. In der Praxis haben sich 3 Stunden als das ideale Zeitfenster herauskristallisiert. Bei komplett lokalen Teams sollte es weiterhin ermöglicht werden, die Diskussion in der jeweiligen Landessprache zu führen. Dies erhöht die Quantität aber auch Qualität der Beiträge. Jedes ermittelte Risiko muss am Ende einem bestimmten Risikoverantwortlichen zugewiesen werden.

C. Enterprise Risk Management Prozess §2

Agenda

Time	Item	Presenter
[10']	**Welcome & Introduction** Business objectives and strategy	General Manager
[30']	**Setting the context** • Risk Universe: Thought-starter questions • Review of risk matrix from previous year • Internal and external key developments • Other risk inputs: outcomes Internal Audit reports; risk interviews…	Risk Coordinator
[30']	**Risk identification** Define most probable worst-case scenarios with their root-cause and consequences	All
[50']	**Risk analysis and evaluation** • Assess risk Likelihood and Impact • Align Risk Appetite • Plot risks on Heatmap • Identify risks with potential business continuity impact	All
[20']	**Risk owners and risk treatment** • Nominate Risk Owners • Decide Risk Treatment options	All
[10']	**Closing: summary and next steps**	Risk Coordinator

Abb. 11: Standard Agenda als Beispiel für einen Risiko Workshop

34 Die Risikobeschreibung sollte die folgenden Komponenten enthalten:
– Szenarien und Ereignisse: Klare und prägnante Beschreibung dessen, was passieren könnte und was von risikobezogenen Ereignissen zu erwarten ist oder nicht.
– Quellen und Ursachen: Elemente, die allein oder in Kombination zu dem Risiko führen können.
– Wirkung und Folgen: Konsequenz eines Risikos oder Ereignisses, seine Gewissheit oder Ungewissheit und seine positiven oder negativen Auswirkungen auf die Ziele – die Folgen können qualitativ oder quantitativ ausgedrückt werden.

35 Die konsequente Anwendung dieses Musters nennt man Bow-Tie-Methode, da das Schema dem einer Fliege ähnelt (s. Abb. 12).

36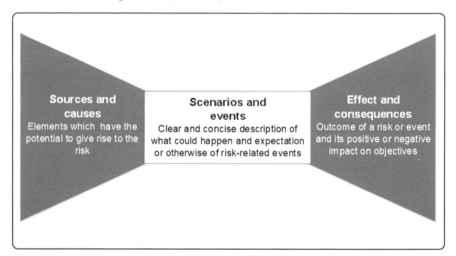

Abb. 12: Bow-Tie-Methode

Ein Beispiel für die Beschreibung eines Risikos ist: [Ereignis, das eine Auswirkung auf die Ziele hat], verursacht durch [Ursache/n]. Dies kann zu [Folge/n] führen.

Zum Beispiel: „Ein Brand in der Produktionsanlage, verursacht durch unsichere Wartungsarbeiten, kann zu einem Lieferausfall von 2 Wochen führen, was einen Umsatzverlust von 1 Mio. Euro bedeutet."

ODER

„Ein Flugzeugabsturz aufgrund mangelnder Ausbildung der Besatzung könnte für die Passagiere tödliche Folgen haben."

V. Risikoanalyse

37 Bei der Risikoanalyse geht es darum, die Art eines Risikos und seine Merkmale, einschließlich der eigentlichen Gefährdung, zu verstehen. Während des Risiko Workshops werden die Teilnehmer durch den Prozess der Risikomessung geführt, indem sie unabhängig voneinander die Wahrscheinlichkeit und die Auswirkungen bewerten. Als bevorzugte Vorgehensweise sollten die Workshop Teilnehmer anonym über die Wahrscheinlichkeit und die Auswirkungen jedes Risikos abstimmen, bevor sie die Ergebnisse in der Risiko Matrix sehen. Dadurch können Sie unvoreingenommen durch die anderen Teilnehmer die Bewertung des Risikos vornehmen. Eine Feinjustierung ist danach selbstverständlich jederzeit möglich.

C. Enterprise Risk Management Prozess § 2

Je nach Komplexität des Unternehmens, Reifegrad der Organisation und anderen Faktoren gibt es verschiedene Möglichkeiten für die Gestaltung einer Risiko Matrix. Ein Beispiel ist eine symmetrische 4x4-Matrix (s. Abb. 13). Ein anderes Beispiel ist eine gewichtete 5x5-Matrix. Es ist wichtig, sich für eine Matrix zu entscheiden und diese beizubehalten, um die Entwicklung des Risikos im Laufe der Zeit verfolgen zu können. Im Hause Novartis wird die dargestellte 5x5 gewichtete Matrix benutzt (s. Abb. 14). 38

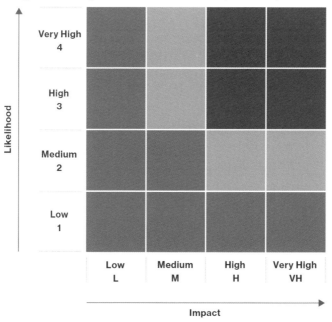

39

Abb. 13: Symmetrische 4x4 Risiko Matrix

Die Bewertung des Risikos findet nach den in den Tabellen dargestellten Kriterien statt. Wichtig ist es, diese auf die Organisation auszulegen, abzustimmen und kontinuierlich anzupassen. Die genannten Kriterien sollen als Beispiel dienen, können aber nicht ohne weitere Anpassung an die Zielorganisation übernommen werden. 40

Tabelle 2: Eintrittswahrscheinlichkeit (Likelihood) 41

1 Rare	2 Unlikely	3 Possible	4 Likely	5 Almost Certain
0–10 %	11–30 %	31–50 %	51–70 %	71–100 %

1 Rare	2 Unlikely	3 Possible	4 Likely	5 Almost Certain
The risk is hard to predict and/or its materialization may happen only with a very low probability within the next 5 years	Potential risk Impact unlikely to materialize in a 5-year time horizon	The risk event could happen within the next 5 years	The risk event will probably materialize within the next 5 years	The risk will most likely materialize within the next 5 years
No expectation of the risk to happen. No historical data available	While a chance of occurrence exists, trends and indicators currently do not evolve towards a risk related event	Few signals and trends indicate the possibility of a risk related event to occur	Some trends and indicators already evolve in the direction of the risk	Most trends and indicators clearly evolve towards risk materialization

42 Tabelle 3: Auswirkungen (Impact)

	1 Insignificant	2 Minor	3 Moderate	4 Major	5 Severe
Finance: Impact on sales, trade receivables, market share or cost	<1 %	1 %–2 %	2 %–3 %	3 %–5 %	>5 %
Operations: Delay of key/products, key projects etc.	<3 months	3–6 months	6–12 months	1–2 years	>2 years
Reputation	Minimal or no media coverage and/or social media commentary and no reputation impact	Transient negative media coverage and/or social media commentary resulting in minor reputation impact	Enduring negative media coverage and/or social media commentary focused on a single market or region resulting in lasting local or regional reputation damage	Intense negative media coverage and/or social media commentary in multiple key markets resulting in global reputation damage	Sustained negative media coverage in global news channels and/or social media commentary in multiple key markets, resulting in lasting global reputation damage

43 Bei der Bewertung sollten die Teilnehmer alle Kontrollen und Maßnahmen, die bereits wirksam sind, mit berücksichtigen (Restrisiko, vergleiche Abb. 10). Eine Bewertung der Risiken unabhängig von den vorhandenen Kontrollen (inhärentes Risiko), ist für den weiteren Verlauf nicht zielführend. Die Bewertung jedes Risikos wird im Allgemeinen bei Novartis nach der folgenden Formel berechnet:

C. Enterprise Risk Management Prozess §2

2 x Auswirkungen (Impact) + Eintrittswahrscheinlichkeit (Likelihood) = Risikobewertung

Anhand der Risikobewertung und errechneten Punkte kann man das Risiko nun in vier Stufen kategorisieren: 44
- Sehr hoch (very high) = Bewertung 13–15 Punkte
- Hoch (high) = Bewertung 10–12 Punkte
- Mittel (medium) = Bewertung 7–9 Punkte
- Gering (low) = Bewertung 3–6 Punkte

Sobald die Risikostufen festgelegt und aufeinander abgestimmt sind, können die Risiken in der 5x5-Risiko Matrix eingetragen werden. 45

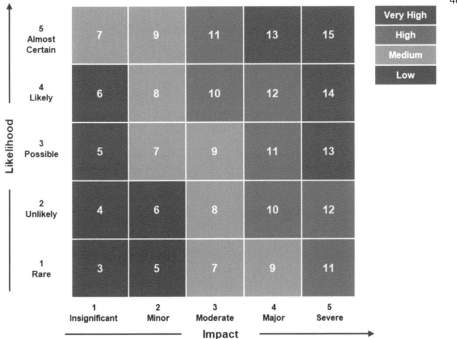

46

Abb. 14: Novartis Risiko Matrix inkl. Punkteskala

Wenn das Risiko in der Matrix abgestimmt platziert ist, wurde im Risiko Workshop ein großer Meilenstein erreicht. Das Führungsteam der Einheit ist sich nun einig, was die größten Risiken in den kommenden fünf Jahren in Bezug auf Eintrittswahrscheinlichkeit und deren Auswirkungen sind. Damit ist eine gewisse Priorisierung vorgegeben, welche genutzt werden kann, um die Maßnahmen zu bestimmen. Der Fokus würde dabei auf den als sehr hoch eingestuften Risiken liegen, um diese entsprechend zu reduzieren. Gerade wenn der Reifegrad der Organisation bezüglich Risiko Diskussionen noch nicht weit vorangeschritten ist, empfiehlt es sich hier zu stoppen, um die Organisation in der Diskussion nicht zu überfordern. Der Fokus der Diskussion würde nun auf den zu ergreifenden Maßnahmen mit klaren Verantwortlichen liegen. 47

In reiferen Organisationen ist es ratsam, die Diskussion weiterzuführen, um eine abschließende Risikobewertung mit der Komponente der Risikobereitschaft (Risk Appetite) zu erlangen. Die weiterführende Diskussion kann auch außerhalb des Workshops mit den Risikoverantwortlichen einzeln geführt werden, abhängig von der verbleibenden Zeit und Komplexität der einzelnen Risiken. 48

49 Schritte für den Risikokoordinator nach dem Risiko Workshop
- Direkt nach dem Workshop
  - ❏ Kontaktaufnahme mit dem Globalen Enterprise Risk Management Team, um das Gesamtergebnis des Risiko Workshops zu besprechen
  - ❏ Fertigstellung und Verteilung des Sitzungsprotokolls mit klaren nächsten Schritten und Verantwortlichkeiten
- Zwei Wochen nach dem Workshop
  - ❏ Einzelbesprechung mit den Risikoverantwortlichen zur
    - finalen Risikobewertung
    - Definition von Aktionsplänen und Verantwortlichen
  - ❏ Eingabe der Risiken und Aktionspläne als Entwurf in das zentrale IT-System
- Ein Monat nach dem Workshop
  - ❏ Aktionspläne und Verantwortliche sind abschließend festgelegt und mit ausreichend Ressourcen versehen
  - ❏ Freigabe der Risiko Matrix und Aktionspläne durch das Führungsteam der Einheit
  - ❏ Abschließende Eingabe der Risiken, Aktionspläne, Verantwortlichen, etc. in das zentrale IT-System

VI. Risikobewertung

50 Der Zweck der Risikobewertung besteht darin, die Entscheidungsfindung bezüglich der Risikobehandlungsstrategien zu unterstützen und sich nicht einzig und allein auf die derzeitige Platzierung in der Risiko Matrix zu konzentrieren. Bei der Diskussion sollten der breitere Kontext und die tatsächlichen und wahrgenommenen Folgen für interne und externe Interessengruppen berücksichtigt werden.

51 Es empfiehlt sich zu jedem Risiko den externen sowie internen Trend zu analysieren, um zukünftige Entwicklungen antizipieren zu können:
- Externer Risikotrend: Sieht die Einheit einen Anstieg, einen stabilen oder einen rückläufigen Trend bei den externen Ursachen des Risikos, die sich in den nächsten fünf Jahren auf die Gefährdung auswirken könnten? Wie ist die Entwicklung des regulatorischen, politischen, etc. Umfelds und die möglichen Auswirkungen auf das Risiko?
- Interner Risikotrend: Sieht die Einheit das Risiko in den nächsten fünf Jahren steigen, stabil oder abnehmend, ohne dass weitere Maßnahmen ergriffen werden? Wie ist die interne Geschäftsstrategie und welche Auswirkungen hat diese auf das Risiko?

52 Diese Fragen sollen helfen einen Trend frühzeitig zu erkennen und mit Maßnahmen reagieren zu können, bevor das Risiko in den kommenden Jahren ggf. weiter zunimmt.

53 Des Weiteren sollte die Risikobereitschaft (Risk Appetite) diskutiert werden. Die Risikobereitschaft ist die Höhe des Risikos, welches das Unternehmen und/oder das Führungsteam der Einheit bereit ist, zu einem bestimmten Zeitpunkt einzugehen. Die Risikobereitschaft wird bei Novartis in die folgenden vier Kategorien eingeteilt:
- Risikoaversion (Risk Aversion): Vermeidung oder Reduzierung des Risikos
- Risikominderung (Risk Reduction): Reduzierung des Risikos
- Risikoakzeptanz (Risk Acceptance): Akzeptanz des Risikos
- Risikonahme (Risk Taking): Risiko wird als Chance gesehen

54 Tabelle 4: Risikobereitschaft (Risk Appetite)

Risk Appetite	Definition	Treatment	Most Common Types
Risk Taking	Take and/or increase the risk	Pursue	Strategic, Commercial

Risk Appetite	Definition	Treatment	Most Common Types
Risk Acceptance	Accept the risk in its current state	Accept	Possible for all risks
Risk Reduction	Mitigate the risk	Reduce or Share	Legal, Regulatory, Compliance
Risk Aversion	Not take or reduce the risk	Avoid or Reduce	

In der Regel werden juristisch oder regulatorisch relevante Risiken, welche den Wert des Unternehmens erhalten, mit einer geringen Risikobereitschaft bewertet. Strategisch oder geschäftlich relevante Risiken werden tendenziell eher als Chance eingestuft. Das Akzeptieren von Risiken ist eine Möglichkeit für jede Risikokategorie. In der Praxis hat sich gezeigt, dass das Akzeptieren von Risiken unterrepräsentiert ist. Dies ist allerdings eine sehr wichtige Kategorie und sollte nicht unterschätzt werden. Jede Einheit hat begrenzte Ressourcen und Fähigkeiten zur Verfügung. Die bewusste Konzentration auf die Reduktion weniger Risiken bei gleichzeitiger Akzeptanz der anderen Risiken hat den großen Vorteil, schnell Fortschritte erzielen zu können. In diesem fokussierten Szenario können schneller die kritischsten Risiken reduziert werden.

Als Ergebnis erhält man die Kombination der Risiken mit der Risikobereitschaft, welche die Einheit eingehen möchte. Dies hilft bei der Priorisierung der Maßnahmen erheblich (s. Abb. 14). Am Ende eines Risiko Workshops einigen sich die Teilnehmer auf die wichtigsten Risiken und weisen jedem einzelnen Risiko einen Risikoverantwortlichen zu. Die Risikoverantwortlichen sind für die Entwicklung von Aktionsplänen mit klaren Verfahren und Zeitvorgaben zuständig.

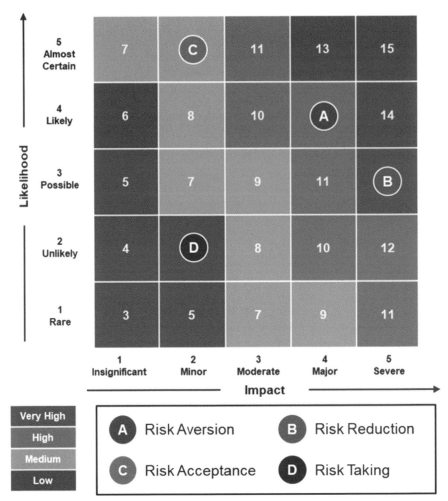

Abb. 15: Kombinierte Risiko Matrix mit Risikobereitschaft

VII. Risikobehandlung

58 Die Strategien zur Risikobehandlung (Risk Treatment) können eine oder mehrere der folgenden Maßnahmen umfassen:
- Vermeiden (Avoid): Die Aktivität, die das Risiko verursacht, nicht beginnen oder fortsetzen
- Verfolgen (Pursue): Das Risiko eingehen oder erhöhen, um eine Chance zu nutzen
- Verringern (Reduce): Einen Aktionsplan definieren und ausführen, um die Wahrscheinlichkeit und/oder die Auswirkungen innerhalb eines bestimmten Zeitraums auf ein Zielniveau für die Risikoeinheit zu reduzieren
- Teilen (Share): Das Risiko ganz oder teilweise nach außen übertragen zB durch eine Versicherung
- Akzeptieren (Accept): Beibehaltung des Risikos durch eine bewusste und fundierte Entscheidung, so dass keine weiteren Maßnahmen zum jetzigen Zeitpunkt aktiv unternommen werden

C. Enterprise Risk Management Prozess § 2

Zwischen der Risikobereitschaft und der Risikobehandlung besteht ein Zusammenhang, der in der Tabelle 4 bereits dargestellt ist und bei der Bewertung der einzelnen Risiken im Rahmen der Risikobewertung berücksichtigt werden sollte. Mit Ausnahme von „akzeptieren" erfordert jede Behandlungsstrategie einen klaren und zeitgebundenen Aktionsplan.

Auf Grundlage der gewählten Risikobehandlung kann die Ziel-Risikoposition (Target Risk Exposure) mit der Bewertung der Ziel-Risikoauswirkungen und der Ziel-Risikowahrscheinlichkeit bestimmt werden. Diese stellt die Bewertung des Risikos nach erfolgreicher Umsetzung aller Maßnahmen dar, ohne weitere signifikante Änderungen von internen oder externen Trends.

Die Risiko Matrix kann für diese Übung verwendet werden, indem die Ziel-Risikoposition auf ihr eingezeichnet wird, basierend darauf, wo die Einheit die Risikoposition nach der Umsetzung von den entsprechenden Aktionsplänen erwartet (s. Abb. 15). Die Risikoverantwortlichen sind dafür verantwortlich, dass die Aktionspläne auf der Grundlage der gewählten Behandlungsstrategie angemessen gestaltet und umgesetzt werden. Der Risikokoordinator hilft, berät und unterstützt bei der Ausarbeitung der Aktionspläne.

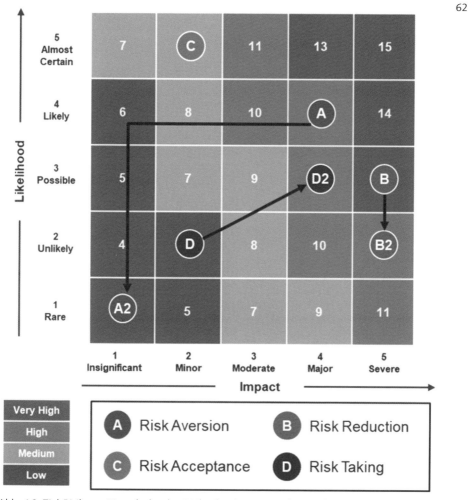

Abb. 16: Ziel-Risikoposition ab der das Risiko für das Unternehmen akzeptiert werden kann

63 Tabelle 5: Fiktive Szenarien von Abb. 16

Punkt in Abb. 16	Szenario	Risikobewertung	Risikobehandlung	Details
Ausgangspunkt: A Zielwert: A2	Schrumpfendes Geschäft in einem Land durch bewaffnete Konflikte. Der Geschäftsbetrieb ist aufgrund der Eskalation eines bewaffneten Konflikts im Land stark beeinträchtigt.	Risikoaversion	Vermeiden	Einstellung aller operativen Tätigkeiten in dem Land in einem Zeitraum von 6 Monaten.
Ausgangspunkt: B Zielwert: B2	Datenschutz. Personenbezogene Daten sind nicht ausreichend geschützt, so dass diese nach außen dringen könnten.	Risikominderung	Verringern	Sofortige Verbesserung des Systems, in welchem die Daten gespeichert sind. Schulungen relevanter Mitarbeiter zum Datenschutz.
Ausgangspunkt: C Zielwert: C2	Preisdruck auf ausgereifte Produkte. Nach einer neuen Vorschrift der lokalen Behörden sollen die Preise für ältere Produkte im Durchschnitt um 25 % gesenkt werden. Die neue Vorschrift gilt ab nächsten Monat.	Risikoakzeptanz	Akzeptieren	Es können keine Maßnahmen ergriffen werden, um die Auswirkungen oder die Wahrscheinlichkeit zu verringern. Das Verkaufsvolumen von ausgereiften Produkten macht 1,5 % des gesamten lokalen Umsatzes aus.
Ausgangspunkt: D Zielwert: D2	Virtuelle Interaktion mit Kunden. Aufgrund der Reisebeschränkungen während der COVID-19 Pandemie werden digitale Plattformen häufiger für die virtuelle Interaktion mit Kunden genutzt, so dass es zu einer unangemessenen oder illegalen Nutzung von sozialen Medien oder interaktiven Internetplattformen kommen kann.	Risikonahme	Verfolgen	Die Kunden haben sich an die virtuelle Interaktion mit den Mitarbeitern gewöhnt und bevorzugen maßgeschneiderte Informationsangebote. Weitere digitale Initiativen sollten gestartet werden, um die Wirkung der Interaktion zu verbessern. Ausbau der bestehenden Kontrollen im Bereich soziale Medien.

VIII. Überwachung und Überprüfung

64 Zweck der Überwachung und Überprüfung (Monitoring & Review) ist es, die Qualität und Wirksamkeit der Aktionspläne zur Behandlung des Risikos sicherzustellen und gegebenenfalls zu verbessern. Dazu gehört eine regelmäßige Berichterstattung, um den Fort-

C. Enterprise Risk Management Prozess § 2

schritt der Risikobehandlung zu verfolgen. Es hat sich bewährt, die Aktionspläne nach der SMART Methode[8] zu strukturieren.

- Specific (Spezifisch): Das Ziel sollte klar und spezifisch formuliert sein.
  - ❏ Was soll erreicht werden?
  - ❏ Warum ist dieses Ziel wichtig?
  - ❏ Wer ist daran beteiligt?
  - ❏ Wo ist es im Prozess/Unternehmen angesiedelt?
  - ❏ Welche Ressourcen sind betroffen?
- Measurable (Messbar): Das Ziel sollte messbar sein, um den Fortschritt klar verfolgen zu können. Auch muss die genaue Bewertung, wie gemessen wird, vorab festgelegt werden. Kontinuierliche Aktivitäten (zB Interne Kontrollen) die kein klares zeitliches Ende haben, sind in Aktionsplänen nicht zulässig.
  - ❏ Wie viel oder wie viele?
  - ❏ Wie kann die Zielerreichbarkeit gemessen werden?
  - ❏ Wann ist das Ziel erreicht?
- Achievable (Erreichbar): Das Ziel muss realistisch und in der gegebenen Zeit erreichbar sein.
  - ❏ Wie kann das Ziel erreicht werden?
  - ❏ Was spricht gegen die Zielerreichung zB Ressourcen, finanzielle Faktoren, etc?
  - ❏ Welche Faktoren können beeinflusst werden? Welche nicht?
- Relevant (Relevanz): Das Ziel sollte mit anderen Unternehmenszielen im Einklang stehen und alle Beteiligte voranbringen.
  - ❏ Ist das Ziel sinnvoll für das Unternehmen?
  - ❏ Ist es der richtige Zeitpunkt?
  - ❏ Passt das Ziel zu anderen Bemühungen der Einheit?
- Time-bound (Zeit zur Zielerreichung): Es sollte eine klare Frist zur Zielerreichung festgelegt werden. Es empfiehlt sich, hierzu einen Meilensteinplan zu erstellen, um die Zielerreichung in kleinere Schritte aufzuteilen.
  - ❏ Wie lange wird zur Zielerreichung benötigt?
  - ❏ Was sind mögliche Meilensteine?
  - ❏ Was kann nach 6 Wochen, 6 Monaten, einem Jahr erreicht werden?

---

[8] Es gibt diverse SMART Alternativen, die sich leicht unterscheiden, aber immer darauf abzielen ein Ziel klar und messbar zu gestalten.

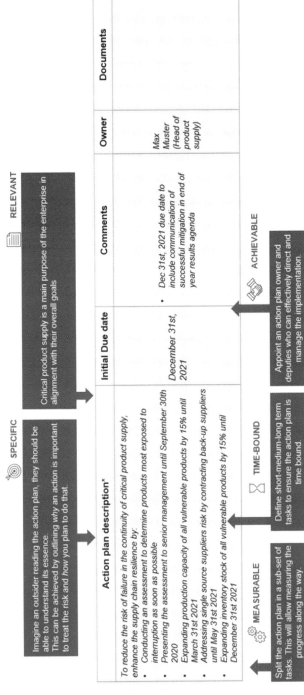

Abb. 17: Fiktives Beispiel eines SMART Aktionsplans

C. Enterprise Risk Management Prozess § 2

Nach der Entwicklung des Aktionsplans wird dieser entsprechend des aufgestellten 66
Zeitplans umgesetzt. Nach Abschluss aller Aufgaben sollten die folgenden Kriterien erfüllt sein:
- Vollständigkeit: Alle geplanten Aufgaben wurden abgeschlossen und sind objektiv dokumentiert.
- Nachweisbarkeit: Belastbare und relevante Nachweise in Form von Dokumenten stellen sicher, dass alle Ziele erreicht wurden.
- Qualität: Die Umsetzung des Aktionsplans hat zum Erreichen der Ziel-Risikoposition nachhaltig beigetragen.

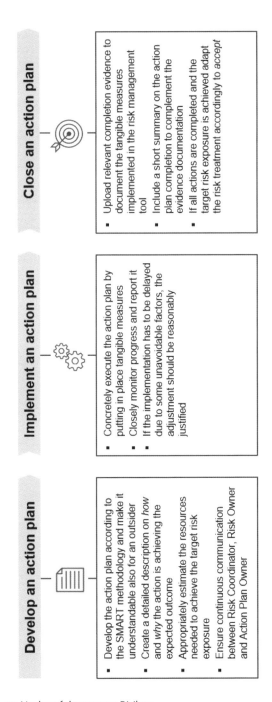

Abb. 18: Schritte zur Nachverfolgung von Risiken

68 Wenn der Aktionsplan final geschlossen wird, muss der Status des Aktionsplans im zentralen IT-Tool dokumentiert werden. Das Hochladen von Nachweisen, welche die Implementierung belegen, ist hierbei zwingend notwendig. Danach muss das Risiko erneut be-

wertet werden, ob der Aktionsplan den notwendigen Effekt hatte und das Risiko reduziert werden konnte. Dabei muss auch erneut das Umfeld angeschaut und bewertet werden. Sollte der Plan den gewünschten Effekt gehabt haben, wird das Risiko mit dem Zielwert bewertet und auf akzeptiert gesetzt. Sollten sich andere Faktoren ergeben haben (zB eine Verschlechterung des externen Umfelds), muss unter Umständen ein weiterer Aktionsplan angelegt werden und das Risiko bleibt weiterhin offen und kann nicht akzeptiert werden.

Die Risikokoordinatoren sind dazu aufgefordert, mind. zum Ende eines jeden Quartals den Status der Aktionspläne und Risiken in dem zentralen IT-Tool entsprechend zu aktualisieren und zu pflegen. Somit ist eine zentrale und aktuelle Übersicht vom Status aller Risiken gewährleistet.

Mögliche Nachweise zur Schließung eines Aktionsplans
- Erstellung einer neuen Richtlinie oder eines Leitfadens
  - ❏ Genehmigtes Dokument
  - ❏ Offizielle E-Mail-Kommunikation
  - ❏ Link zum Webinar zur Einführung der Richtlinie
- Einführung einer neuen Kontrolle
  - ❏ Dokumentation der eingeführten neuen internen Kontrolle (Richtlinie, etc.)
  - ❏ Ergebnis einer Stichprobe zur Überprüfung des Vorhandenseins der neuen internen Kontrolle
- Einführung einer neuen Schulung
  - ❏ In der Schulung verwendetes Präsentationsmaterial
  - ❏ Link zur Schulungsaufzeichnung/e-Training
  - ❏ Zusammenfassender Bericht über die Teilnahme an der Schulung/Abschlussquote
- Erstellen einer neuen Rolle/eines neuen Teams
  - ❏ Organisatorische Ankündigung
  - ❏ Organigramm
  - ❏ Charta für Governance und Prioritäten
- Abschluss eines Projekts/Programms
  - ❏ Präsentation der Ergebnisse für das Management (einschließlich Sitzungsprotokoll)
  - ❏ Offizielle Bekanntgabe des erfolgreichen Abschlusses des Projekts/Programms

D. IT-System im Risikomanagement

Jede Einheit, die einen Risiko Workshop durchführt, ist dazu verpflichtet, ihre Ergebnisse in einer zentralen IT-Plattform zu hinterlegen und konstant aktuell zu halten. Die Dokumentation im IT-System erfolgt nicht in Landessprache, sondern einheitlich in Englisch, um globale Auswertungen und Vergleiche zu ermöglichen. Mindestens einmal im Quartal müssen die Risiken und Aktionspläne überprüft werden, um einen aktuellen Status zu gewährleisten. Novartis nutzt eine zentrale IT-Plattform, auf der die Risikomanagement-Software gehostet wird. Das IT-Tool unterstützt den Risikomanagementprozess vollständig. Es werden nicht nur die Risiken und damit verbundenen Daten und Aktionspläne erfasst, sondern auch automatische Erinnerungen verschickt und personalisierte Berichte erstellt.

Category	Level	When	To Whom	Copy To
Notification	Risk	A new risk is added to the tool	Risk Owner & Risk Co-Owner(s)	Risk Coordinator
Notification	Action Plan	A new Action Plan is added to the tool	Action Plan Owner & Team Members	Risk Coordinator
Reminder	Risk	Periodic risk review reminders for risks with treatment strategy Reduce, Pursue or Share: - End of every quarter (31 Mar, 30 Jun, 30 Sep and 31 Dec)	Risk Owner & Risk Co-Owner(s)	Risk Coordinator
Reminder	Risk	Periodic risk review reminders for risks with treatment strategy Accept or Avoid: Countries: Once in a year (31 Mar) Div/BU/OU/Functions: Once in a year (30 Jun)	Risk Owner & Risk Co-Owner(s)	Risk Coordinator
Reminder	Action Plan	2 weeks before the due date	Action Plan Owner & Team Members	Risk Coordinator
Reminder	Action Plan	2 days before the due date	Action Plan Owner & Team Members	Risk Coordinator

Abb. 19: Automatische Erinnerungen

73 Das IT-Tool bildet alle Hierarchien im Unternehmen ab und ist die „single source of truth" für alle Risiken und deren Aktionspläne. Dies ist wichtig, um keine Schattenberichterstattung von Risiken zuzulassen und ermöglicht so, dem Globalen Enterprise Risk Management Team einen konstanten Überblick über die Risiken, aber auch über den Status der Maßnahmen und deren Abarbeitung zu haben. Das zentrale IT-System wurde 2020 bei Novartis etabliert, da es bereits für andere Services im Unternehmen genutzt wurde und daher relativ einfach und schnell implementiert werden konnte.

74 **Praxistipp – IT-System im Risikomanagement**
- Es gibt eine schier endlose Zahl von Anbietern bzgl. IT-Systemen im Risikomanagement, wobei alle ihre Stärken und Schwächen haben. Eine Prüfung, was bereits im Unternehmen verwendet wird, führt meist zu interessanten Erkenntnissen und kann den Auswahlprozess beschleunigen.
- Es empfiehlt sich, einen Anforderungskatalog mit wichtigen Funktionen vorab zu erstellen und dann mögliche Systeme mit Ihren Standardfunktionen dagegen zu ver-

D. IT-System im Risikomanagement § 2

gleichen. Eine Standardsoftware hat Vorteile zB in Bezug auf go-live Schnelligkeit, Bug-Fixes, Performance und ist einer an den Kunden angepassten Lösung meist vorzuziehen. Gänzlich ohne kleinere Anpassungen ist eine Implementierung aber auch meist nicht möglich.
- Ein IT-System im Risikomanagement sollte auf jeden Fall die Möglichkeit der Skalierung bieten. Alle Risiken und Aktionspläne aus dem Unternehmen, egal ob aus Projekten, von Funktionen, Länder, Divisionen oder gänzlich anderer Bereiche, müssen in dem System erfasst werden können. Nur so kann ein ganzheitliches Enterprise Risk Management auf allen Ebenen sichergestellt werden.
- Neben der Skalierung muss ein IT-System auch die verschiedenen Rollen im Prozess mit unterschiedlichen Rollenprofilen abdecken können. Die Rollenprofile können sich unterscheiden im Zugriff auf die Risiken zB beschränkt auf ein Land, beschränkt auf die divisionalen Risiken weltweit, etc. oder bei den Schreib- und Leserechten.
- Es kann unter Umständen sinnvoll sein, das Enterprise Risk Management IT-System zu erweitern und ebenfalls als „Vorfall" (Incident) Management System zu verwenden. Vorfälle können in gewissen Bereichen eine enge Beziehung zu Risiken haben, gerade im operativen Umfeld. Die Komplexität für das Unternehmen darf hierbei allerdings nicht unterschätzt werden und bedarf einer genauen Voranalyse.[9] Es sollte auch nicht als erster Schritt auf der Agenda stehen.

Ein solches System ist für einen ganzheitlichen Risikoansatz unabdingbar. Wichtig ist es, die verschiedenen Nutzer solch einer Plattform frühzeitig zu identifizieren, ausreichend zu schulen und auf ihre Verantwortlichkeit hinzuweisen. Ansonsten kann es zu vielen Fehlmeldungen oder Frust in der Organisation kommen. Des Weiteren ist es wichtig die Qualität der Einträge sicherzustellen, da Zusammenfassungen und Ableitungen für die Konzernrisiken auf Basis der Daten im IT-Tool getroffen werden.

Praxistipp – Datenqualität im Risikomanagement
- Bei Eingabe der finalen Risiken und Aktionspläne von den Risiko Workshops sollte das Globale Enterprise Risk Management Team kontaktiert werden, um die Qualität und Verständlichkeit der geplanten Einträge vorab zu prüfen. Generell sollte ein unabhängiger Dritter keine Mühe haben, die erfassten Risiken und Aktionspläne zu verstehen.
- Das Globale Enterprise Risk Management Team sollte in regelmässigen Abständen (zB jedes Quartal) die Datenqualität stichpunktartig kontrollieren, da die Daten kontinuierlich geändert werden, um die Risiken und Aktionspläne aktuell zu halten.
- Die Nutzer des IT-Systems sollten in regelmäßigen Abständen geschult werden. Hierzu können die Ergebnisse aus den Stichproben anonymisiert werden, um konkrete Beispiele der Nutzergemeinschaft sichtbar zu machen. Auch hat es sich bewährt, gänzlich offene Frage und Antwort Stunden den Nutzern anzubieten (zB einmal pro Woche) um zeitnah Probleme zu besprechen und zu lösen.

---

[9] Novartis hat sich bis dato gegen die Verbindung vom Vorfall- und Risikomanagement entschlossen.

Abb. 20: Screenshot vom zentralen Risikomanagement IT-System

E. Konsolidierung der Ergebnisse auf Unternehmensebene

Im September jeden Jahres findet der jährliche Risiko Workshop mit dem Risk Leadership Team statt, in welchem die Ergebnisse der Risiko Workshops von den Ländern und globalen Einheiten vorgestellt und besprochen werden. Nach dieser Durchsprache findet die Konsolidierung der wichtigsten Risiken für das Unternehmen statt. Das Globale Enterprise Risk Management Team spielt hierbei eine entscheidende Rolle bei der Vorbereitung, Durchführung und Moderation. Der Workshop dauert vier Tage und findet seit 2020, bedingt durch die Covid-19 Pandemie, virtuell statt.

Am ersten Tag liegt der Fokus auf den Risiken der Länder. Hierbei werden von den umsatzstärksten Ländern einige Risikokoordinatoren ausgewählt, die ihre Risiken detailliert präsentieren. Aufgrund zeitlicher Beschränkungen muss eine Landesauswahl getroffen werden. Diese verändert sich von Jahr zu Jahr und wird vom globalen Team festgelegt. Hauptaugenmerk liegt auf den fünf wichtigsten Risiken, Veränderungen im Vergleich zum Vorjahr (starker An- oder Abstieg, neue Risiken, Verfall von Risiken), sowie den Aktionsplänen der Risiken. Im Anschluss an die Vorträge besteht die Möglichkeit, in der Gruppe Fragen zu stellen und Details zu diskutieren. Dieser Austausch direkt mit den Ländern ist wichtig und hilft Trends frühzeitig zu erkennen. Im Anschluss an die Einzelpräsentation trägt das Globale Enterprise Risk Management Team die Konsolidierung aller Landesrisiken vor. Diese Auswertung wird mit Hilfe des IT-Systems vorbereitet und erfasst alle Landesrisiken aus dem jeweiligen Jahr. Hierbei geht es darum, konsolidiert die wichtigsten Risiken aus Landesperspektive zu erkennen, die Veränderungen zum Vorjahr zu verstehen und eine Diskussion mit den Teilnehmern anzuregen, was die Ursachen für die Veränderungen sein könnten.

Am zweiten Tag ist der Fokus auf die Risiken der globalen Divisionen und Organisationseinheiten gerichtet, wobei hier alle Einheiten präsentieren. Der Fokus liegt ebenfalls auf den fünf wichtigsten Risiken, Veränderungen im Vergleich zum Vorjahr (starker An- oder Abstieg, neue Risiken, Verfall von Risiken), sowie den Aktionsplänen der Risiken. Auch hier wird vom globalen Team eine Konsolidierung vorbereitet und mit den Teilnehmern diskutiert.

Am dritten Tag präsentieren die globalen Funktionen wie zB Finanz, Steuer, Qualität, Datenschutz oder Informationssicherheit ihre funktionsspezifischen Risiken. Hierbei geht es darum, global relevante Risiken zu identifizieren, die einen signifikanten Einfluss auf das gesamte Unternehmen haben können. Da diese Risiken Einzelfunktionen abdecken und es normalerweise keine größeren Schnittmengen gibt, findet hier keine Konsolidierung vorab durch das globale Team statt.

Am vierten Tag erfolgt die Konsolidierung der Risiken auf oberster Unternehmensebene. Der Workshop beginnt mit einer Präsentation der Strategie Abteilung, um die strategische Ausrichtung des Unternehmens mit allen Teilnehmern zu reflektieren. Anschließend stellt die Audit Abteilung eine Zusammenfassung der wichtigsten Audit-Trends aus dem laufenden Jahr vor. Daneben wird ein Vortrag zu Wettbewerbern und deren veröffentlichten Risiken, sowie generellen externen Risiko Trends aus Quellen von den Big4 (PwC, KPMG, E&Y, Deloitte), Banken und Versicherungen gehalten. Darauf folgt eine offene Diskussion, in welcher die finale Risiko Matrix für das Unternehmen erstellt wird. Ein erster Entwurf der Risiko Matrix wird vom Globalen Enterprise Risk Management Team anhand der Ergebnisse der vorherigen Tage vorbereitet. Die Risiken werden entsprechend der Methodik in strategische, operative oder sich entwickelnde (emerging) Risiken kategorisiert. Auch die globalen Aktuellen Themen (Awareness Topics) werden in der Runde besprochen und finalisiert.

Der abschließende Entwurf der Risiko Matrix für das Unternehmen wird nun weiter intern mit Mitgliedern der Geschäftsleitung vorbesprochen und im Anschluss in einer Geschäftsleitungssitzung offiziell verabschiedet.

§ 2 Enterprise Risk Management

84

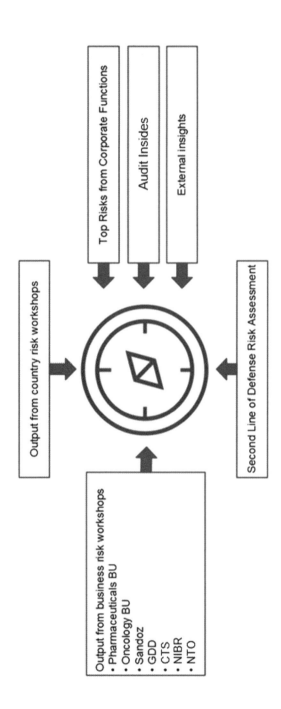

Abb. 21: Informationen für den Risiko Workshop

F. Berichterstattung

Nach der offiziellen Verabschiedung der Risiko Matrix für das Unternehmen durch die Geschäftsleitung werden zu den einzelnen Risiken Details mit den Risikoverantwortlichen erstellt. Dies beinhaltet eine Beschreibung des Risikos, den aktuellen Status, Fortschritt im vergangenen Jahr (falls über das Risiko bereits berichtet wurde) und Aktionspläne für die Zukunft mit Verantwortlichen und Fristen. Die einzelnen Risiken werden dann in dem internen „Novartis Annual Risk Report" (Risiko Bericht) zusammengefasst, wobei neben den Risiken auch die Weiterentwicklung des Risikoprozesses beschrieben wird. Der Bericht wird dem Risikoausschuss des Verwaltungsrats am Ende eines jeden Jahres zur Verfügung gestellt und präsentiert. Der Bericht bildet ebenfalls die Grundlage für das sog. Form 20-F[10], welches Novartis aufgrund seiner Tätigkeiten in den Vereinigten Staaten veröffentlicht. Des Weiteren werden Auszüge der wichtigsten Risiken im Novartis In Society Report[11] und auf der externen Internet Seite veröffentlicht[12].

---

[10] https://www.novartis.com/sites/novartis_com/files/novartis-20-f-2020.pdf Seite 11 ff
[11] https://www.novartis.com/sites/novartis_com/files/novartis-in-society-report-2020.pdf Seite 21 ff
[12] https://www.novartis.com/sites/novartis_com/files/novartis-enterprise-risk-management.pdf

§ 3 Enterprise Policy Management

Klare, transparente und einfach umzusetzende Richtlinien sind ein integraler Bestandteil eines erfolgreichen Risikomanagements. Wie oben erwähnt, können Policies und Richtlinien als Leitlinien einer Organisation dazu beitragen, bekannte Risiken zu adressieren beziehungsweise ihre Konsequenzen zu managen. Policies und Richtlinien geben den Mitarbeitern eine solide Grundlage für Entscheidungen, die mit den Werten der Organisation übereinstimmen. Dazu gehören klare Anweisungen, Richtlinien, aber auch entsprechende Kontrollen, um sicherzustellen, dass die Regeln eingehalten werden. Grundsätzlich kann man sagen, dass es keine Policy oder Richtlinie ohne Kontrollen, aber auch keine Kontrollen ohne entsprechende Policy oder Richtlinien geben sollte.

In Unternehmen wie Novartis, die in einer streng regulierten Industrie operieren, gibt es unzählige Vorschriften und Richtlinien und die Zahl steigt beständig an. Dies nicht zuletzt auch durch die zunehmende Regulierung von außen wie Gesetzgebung, Industrieverbände, Anforderungen durch die Gesellschaft zB im Bereich Ökologie, Klima, Datenschutz, um nur ein paar zu nennen. Die Einhaltung (Compliance) ist strikt zu kontrollieren.

Mit zunehmender Anzahl von Richtlinien und Vorgaben, wird es immer schwieriger, sicherzustellen, dass Mitarbeiter diese auch lesen und anwenden. Es muss gewährleistet sein, dass die Richtlinien und Vorschriften stets aktuell und relevant zur Verfügung stehen und keine veralteten, inkonsistenten, redundanten oder nicht autorisierten Dokumente im Umlauf sind.

Darüber hinaus müssen in international operierenden Unternehmen die Anforderungen in den Länderorganisationen entsprechend berücksichtigt werden, ohne die Kontrolle über die unterschiedlichen Versionen zu verlieren; es gilt die Balance zwischen individuellen Anforderungen wie lokaler Gesetzgebung, Sprachen, aber auch kulturellen Rahmenbedingungen und global gültigen Aussagen zu finden.

Das Enterprise Policy Management oder EPM Framework mit geregelter Governance, transparenten Prozessen, klaren Verantwortlichkeiten und allgemein verständlichen Definitionen ist ein wichtiger Grundpfeiler für die Erstellung, Durchsetzung und Verwaltung von Policy Dokumenten. Die relevanten Dokumente sind einfach auffindbar und stehen in klar verständlicher Form zur Verfügung. Das Framework hilft, Risiken adäquat zu adressieren und minimieren und ist damit ein wichtiger Baustein, um Compliance im Unternehmen zu gewährleisten.

Das Enterprise Policy Management Framework muss von der Geschäftsleitung unterstützt und genehmigt sein. Verantwortlichkeiten, Rollen und Prozesse sollten in entsprechenden Richtlinien und Handbüchern dokumentiert und in der Organisation implementiert sein.

A. Enterprise Policy Management – Organisation

Das Enterprise Policy Management oder EPM Team ist für das Framework verantwortlich und sorgt dafür, dass der Dokument Management Prozess von allen Beteiligten verstanden und befolgt wird. Organisatorisch rapportiert das Team an die Risk & Resilience Funktion und arbeitet Hand in Hand mit dem Enterprise Risk Management und der internen Kontroll Organisation. Das Team arbeitet mit den Autoren der Policy Dokumente, unterstützt den Prozess und bereitet die Genehmigungen durch das Policy Board vor. Das EPM Team setzt sich aus Spezialisten aus den Bereichen Organisationsmanagement, Systeme, Kommunikation sowie Dokumentenmanagement und Erstellung (ideal mit juristischem Hintergrund) zusammen. Die Organisation kann, wie in Abb. 22 illustriert, aussehen.

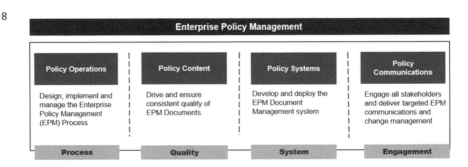

Abb. 22: Enterprise Policy Management Organisation

B. Enterprise Policy Management – Governance und Gremien

9 Ein solides Enterprise Policy Management Framework muss in der Organisation allgemein akzeptiert und gelebt werden, dabei ist die Unterstützung der Führungsebene von zentraler Bedeutung. Einheitenübergreifende und zentrale Policies und Richtlinien sollten immer von der Geschäftsleitung befürwortet und genehmigt werden.

10 Aufsicht und Genehmigung sollten klar von den Rollen für Inhalt und Erstellung getrennt sein.

I. Aufsicht und Genehmigung durch die Geschäftsleitung

11 Die Geschäftsleitung genehmigt neue Policies und Richtlinien und entscheidet, ob sie auch vom Aufsichtsrat genehmigt werden müssen. Die Genehmigung durch den Aufsichtsrat kann in bestimmten Fällen durch das interne Organisationsreglement erforderlich sein. Häufig ist dies für fundamentale Policies und Richtlinien, welche Themen wie zB Firmenkodex, Insider Trading oder Anti Korruption regeln.

12 Die Genehmigung kann auch delegiert werden, zB an Personen, wie den Chief Legal Officer oder den Chief Ethics Risk and Compliance Officer, oder an Gremien wie das Policy Board.

II. Policy Board

13 Es empfiehlt sich, ein sogenanntes Policy Board mit Delegierten der Geschäftsleitung zu installieren. Das Policy Board überwacht das Framework und dessen Gremien und gewährleistet eine einheitliche Qualität und Vorgehensweise in Bezug auf alle Policies, Richtlinien und Standards. Das Policy Board sollte regelmäßig, zB vierteljährlich, zusammentreten um alle neuen oder aktualisierten Policies, Richtlinien oder sonstige Dokumente im Scope zu prüfen, die seit der letzten Sitzung vorgelegt wurden. Das Policy Board empfiehlt gegebenenfalls die Genehmigung und/oder Änderungen der vorgelegten Dokumente. Bei Bedarf werden die für die Policies und Richtlinien verantwortlichen Personen oder andere Funktionsvertreter, die weitere Informationen zur Überprüfung beisteuern können zum entsprechenden Policy Board Meeting eingeladen. Die nachfolgende Abb. (Abb. 23) zeigt ein Beispiel für die Charter eines Policy Boards.

C. Inhalt und Erstellung § 3

> **1. Purpose**
> The purpose of the Policy Board is to provide oversight for the global policy landscape and guidance to ensure consistent quality and approach relating to all policies, guidelines, and standards.
>
> **2. Membership**
> Sponsor: Head of Risk and Resilience
> Chair: Head of EPM
> Standing members: Representative of Finance LT
> Representative of Legal LT
> Representative of P&O LT
> Global Head of Risk and Internal Controls
>
> **3. Meetings**
> Quarterly, the Policy Board will convene to review all new or updated policies, guidelines or standards submitted since the prior session. They will recommend their approval and/or amendments to the submitted documents as appropriate. As needed, the policy owners or other functional representatives who can provide more context to the review will be invited
>
> **4. Responsibilities**
> Sponsor
> - Ensure EPM and the Policy Board achieves its purpose.
>
> Chair
> - Creates and owns the schedule and agenda
> - Guides and advises policy owners on the quality standards for policies, guidelines and standards and ensures that only good-quality documents will be submitted to the Policy Board
> - Prepares all relevant documents for discussion
> - Pre-aligns with meeting attendees
> - Invites policy owners or functional representatives as needed.
> - Ensures minutes are prepared and distributed to all policy board members timely
> - Informs policy owners on the outcome of their respective documents following Policy Board meetings.
> - Informs the Leadership Teams on approved policies. This is in addition and not in lieu of the roll-out plan which is owned and driven by the respective policy owner
>
> Standing Members
> - Oversee and guide global policy, guideline, and standard landscape.
> - Act as a quality control body to ensure meaningful content and high quality, language and form of policies, guidelines, and standards to enable consistent high quality and homogeneous approach across all Policy Framework documents
> - Recommend policies, guidelines, and standards (and changes thereto) for final approval to Chief Ethics, Risk and Compliance Officer (CERCO) and General Counsel (GC). Decide on decommission of guidelines, and standards
>
> Policy Owners
> - Provide detailed and high-quality information (e.g., the policy document meeting the quality standards for policies, a summary of the main contents, summary of changes, the endorsing stakeholder(s), and a high-level implementation plan)
> - Ensures all documents are provided one month in advance of the Policy Board meeting to the Policy Board Chair
> - Respond to questions, discussions, and advice on the content prior to the PolicyBoard Meeting
> - Attend Policy Board meeting if requested
> - Own and drive the roll-out plan of their policies

Abb. 23: Policy Board Charter

C. Inhalt und Erstellung

I. Richtlinienverantwortliche

Die Autoren der Policy Dokumente bzw. die Richtlinienverantwortlichen schreiben die Dokumente und stellen sicher, dass alle Interessengruppen (Stakeholders) für ihr Dokument entsprechend in den Erstellungsprozess involviert wurden.

II. Stakeholder

Stakeholder unterstützen die Richtlinienverantwortlichen mit strategischen und fachlichen Empfehlungen bezüglich der zu schreibenden Dokumente und revidieren diese. Stakeholder können neben den Fachleuten in der eigenen Funktion auch Experten aus anderen Bereichen, wie der Internen Revision, der Rechtsabteilung oder der internen Kontrollorganisation sein. Es kann Sinn machen, obligatorische Interessengruppen zu definieren, um sicherzustellen, dass speziellen Anforderungen, wie zB von Seiten des Gesetzgebers oder anderer Aufsichtsgremien Rechnung, getragen werden.

17 **Enterprise Policy Management**
Governance

Governing Body	Members	Role
Board of Directors and EC	• Board of Directors • Executive Committee (EC)	• Approve policies and standards put forward by CLO & CERCO
Chief Legal Officer/ Chief Ethics, Risk & Compliance Officer	• Chief Legal Officer (CLO) • Chief Ethics, Risk & Compliance Officer (CERCO)	• Approve policies and global standards • Forward selected policies and standards to EC and BoD for approval • Inform FGC on new policies, standards and guidelines
Policy Board (PB / 4x year)	• Head EPM (Chair) • Head R&R • Legal • Finance • P&O • Risk & internal Control • Representative from Division/Org. Units/Function/Country depending on policy content (decided by Head of EPM)	• Oversees global policy/standard landscape • Pre-approves policies and standards • Approves document type changes • Decides on decommission of policies and standards
Enterprise Policy Management (EPM)	• Enterprise Policy Management Team	• Own the Enterprise Policy Framework • Chair PB incl. pre-approval alignment • Ensure consistent application of framework • Monitor EPM lifecycle
Policy/Standard/Guideline (P/S/G) Owner	• P/S/G Owner • Supported by Subject Matter Expert (SME)	• Create, implement, review, revise and own P/S/G for respective unit/function and the supporting documents and any adapted versions • Recommend decommission of P/S/G
Stakeholder	• Mandatory: EPM Writing Expert, Internal Audit, Risk&Internal Control, Head of owning function • To be decided by P/S/G owner as per content (such as operational aspects)	• Provide strategic direction and support P/S/G owner • Consult and review policy draft • Promote policy implementation

Abb. 24: Policy Governance Gremien

III. Definitionen und Dokumenttypen

18 Klare Definitionen und für Vorgaben sind die Basis für ein erfolgreiches Policy Management Framework. Sie sorgen Transparenz und helfen bei der Durchsetzung und Einhaltung von Regeln. Dabei ist es notwendig, dass die Definitionen in die Organisation passen und in der Praxis anwendbar sind.

19 Die Erfahrung zeigt, dass Begriffe für Policies und Richtliniendokumente oft wahllos eingesetzt werden. Häufig werden zB Prozessbeschreibungen oder Leitlinien als Policies und Richtlinien bezeichnet.

20 Generell sind die Dokumente, die in ein Policy Management Framework eingebunden sein sollten, alle Dokumente, die organisatorische Maßnahmen und das Verhalten der Mitarbeitenden regeln oder anleiten, um rechtliche und/oder Reputationsrisiken zu vermeiden oder zu mindern, die auf globaler oder lokaler Ebene als schwerwiegend, bedeutend, signifikant oder mittel eingestuft werden. Sie umfassen Grundsätze, Regeln und Prozesse und müssen aus rechtlichen oder Compliance-Gründen und/oder aufgrund organisationsinterner Beschlüsse befolgt werden. Policies, Richtlinien, Standards, Leitlinien oder Handbücher sind verschiedene Dokumenttypen, die in diese Definition passen. Diese Dokumente müssen aktuell, allen Mitarbeitern bekannt, jederzeit verfügbar aber auch klar und verständlich in ihren Aussagen sein.

D. Enterprise Policy Management Prozess § 3

Bei Novartis wurden die folgenden Definitionen festgelegt: 21

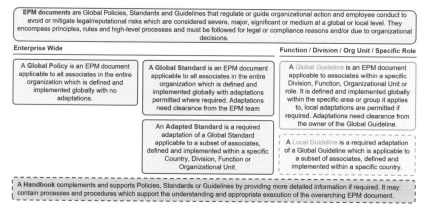

Abb. 25: Definitionen von Policy und Richtliniendokumenten

Die verwendeten Definitionen sollten immer auch den Erfordernissen der jeweiligen 22
Organisation Rechnung tragen. Die oben aufgeführten Definitionen erlauben zB ein
Konzept mit Hierarchien innerhalb der Dokumente. In Organisationen mit komplexen
Regelerfordernissen kann man beispielsweise zu einer übergeordneten Policy, welche alle
Prinzipien festlegt, nachgelagerte Richtlinien, die einzelne Prinzipien oder lokale Regelungen im Detail aufnehmen und die dazu entsprechenden Handbücher erstellen.

Als integraler Bestandteil eines Organisations Assurance-Systems sollten alle Policies und 23
Richtlinien in der Regel auf dem Code of Ethics einer Organisation mit seinen ethischen
Grundsätzen und Verpflichtungen basieren.

In den folgenden Prozessbeschreibungen verwendet der Autor generell die Begriffe Po- 24
licies und Richtlinien. Policies sind immer global gültig, Richtlinien können Gültigkeit für
einen Teilbereich der Organisation wie zB einzelne Länder, Abteilungen, Funktionen oder
Rollen haben.

D. Enterprise Policy Management Prozess

I. Generelle Prozessbeschreibung

Alle Policy Dokumente und relevanten Richtlinien sollten gemäß einem definierten Pro- 25
zess erstellt und verwaltet werden. Der Prozess begleitet den Dokument Lifecycle und beruht auf den folgenden Prinzipien.

Der Enterprise Policy Management oder EPM Prozess ist für alle neuen oder überarbei- 26
teten EPM-Dokumente verbindlich und bestimmt die jeweiligen Verantwortlichkeiten.
Für alle EPM-Dokumente müssen die aktuellen Vorlagen und Materialien verwendet werden, die von der EPM-Organisation bereitgestellt werden. Kein Schritt des Prozesses darf
ausgelassen werden. Ausnahmen von dieser Leitlinie sollten vermieden werden, nur in begründeten Fällen kann das EPM Team nach Rücksprache mit dem Policy Board Ausnahmen gewähren. Die Dokumenteneigentümer sind für den Inhalt, die Implementierung
und das Lifecycle-Management ihrer jeweiligen Dokumente verantwortlich

Der strukturierte Enterprise Policy Management Prozess ist die Basis für richtige und re- 27
gelkonforme Entscheidungen in einer Organisation und ist für alle Policy und Richtlinien

Dokumente verbindlich. Die Dokumenteneigentümer sind verantwortlich für die Einhaltung des Prozesses.

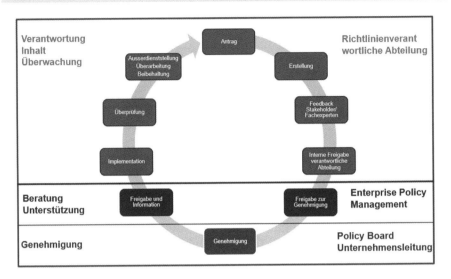

Abb. 26: Dokument Management Prozess und Verantwortlichkeiten

28   Die einzelnen Schritte in einem standardisierter Dokument Management Prozess und Lifecycle und ihre entsprechenden Verantwortlichkeiten werden in den nachfolgenden Kapiteln beschrieben.

II. Erstellen eines Neuen Dokumentes

29   Die Adressierung von neuen oder sich ändernden Risiken kann jederzeit durch die Erstellung und Implementierung von neuen oder angepassten Policies oder Richtlinien notwendig werden. Infolgedessen kann es erforderlich sein, die Erstellung oder Überprüfung eines EPM-Dokuments zu initiieren. Der Dokumenteneigentümer oder Verfasser sollte ein grobes Konzept des Dokumentes erstellen welches den Zweck, das Thema, den Gültigkeitsbereich, die zu adressierenden rechtlichen bzw. regulatorischen Anforderungen sowie die wichtigsten Inhalte des Dokumentes enthält. Mit diesen Informationen wird das EPM Team konsultiert und die nächsten Schritte festgelegt. Diese sind abhängig vom Grad der beabsichtigten Änderung und der Kategorie des EPM Dokumentes.

30   Die Kategorien werden nach Geltungsbereich (Applicability) und der Notwendigkeit lokaler organisatorischer Anpassungen differenziert. Kategorien können zB Policy, Richtlinie, Standard, Handbuch sein. Der gesamte Erstellungs- und Genehmigungsprozess wird entsprechend der Kategorien angepasst. Das folgende Beispiel in Abb. 27 erläutert die Kriterien, die bei Novartis für die Einteilung in Kategorien verwendet werden.

D. Enterprise Policy Management Prozess § 3

Category Criteria

	Global Policy	Global Standard	Adapted Standard	Global Guideline	Local Guideline
Applicability	Global (all associates)	Global (all associates excluding associates whereby an Adapted Standard is required)	A subset of associates from the Global Standard within a specific: a) Country b) Function c) Division d) Organizational Unit	Global, all associates within a specific: a) Function b) Division c) Organizational Unit d) or specific associates across a, b or c	Local, a subset of associates from the Global Guideline within a **specific country** of the: a) Function b) Division c) Organizational Unit
Adaptation	Not allowed	Adapted Standard – allowed for more restrictive requirements	Not applicable	Local Guideline – allowed for more restrictive requirements	Not applicable
Implementation	Global	Global	Within scope of adaptation (where required)	Globally within a specific organisation	Within scope of adaptation (if required)
Internal Controls	Required	Required	Required	Required	Required
Adapted document	Not applicable	Adapted Standard	Not applicable	Local Guideline	Not applicable
Rationale required	Not applicable	Yes – via Approval Request Form	Not applicable	Yes – via Approval Request Form	Not applicable
Adaptation Requirements	Not applicable	• Regulatory requirements • Legal requirements • Specific business requirements • Specific business risks • Requirements not relevant for other Novartis areas	Not applicable	• Regulatory requirements • Legal requirements	Not applicable

Abb. 27: Kriterien für Policy Dokument Kategorien

Sobald entschieden wurde, dass ein neues Dokument benötigt wird oder ein bestehendes Dokument geändert werden muss, ist der Dokumenteneigentümer für die Erstellung des Inhalts verantwortlich. 31

Eine klar strukturierte und verständlich geschriebene Policy oder Guideline garantiert, dass die Mitarbeiter den Inhalt und die beabsichtigte Nachricht aufnehmen und in ihre täglichen Abläufe einbinden können und damit die erwartete hohe Compliance ermöglicht wird. 32

Für die Erstellung, Revision und Einreichung der Dokumente zur Genehmigung sollte ausreichend Zeit eingeplant werden. Zu den wichtigsten Aktivitäten, die in dieser Phase durchgeführt werden müssen, gehören die Identifikation der relevanten Fachexperten und der Stakeholder. Der Autor sollte bereits während der ersten Planung für die neue Policy Fachexperten und Stakeholder identifizieren und sie frühzeitig in den Prozess einbeziehen. 33

In international agierenden Organisationen sollte in dieser Phase auch geklärt werden, ob und welche Übersetzungen notwendig sind. Üblicherweise gibt es dazu Regeln und entsprechende Listen mit obligatorischen Sprachen. Je nach Geltungsumfang der Policy oder Kategorie des Dokumentes kann auch von Fall zu Fall entschieden werden, welche Übersetzungen geplant werden sollten. Diese Frage wird in der Regel gemeinsam mit der internen Kommunikation und der Personalabteilung geklärt. 34

Mehr detaillierte Informationen und Tipps zum Erstellen von guten Policy Dokumenten finden Sie im Praxistipp, Qualität der Dokumente im Framework' im Kapitel EPM Richtlinien und Handbücher. 35

III. Feedback von Stakeholdern und Experten

Der Dokumenteneigentümer oder Verfasser muss die relevanten Stakeholder und Fachexperten vor der endgültigen Fertigstellung des Dokumentes konsultieren, damit diese das Dokument überprüfen und revidieren können. Der Dokumenteneigentümer wählt die Fachexperten und Stakeholder entsprechend der Relevanz und des Inhaltes sowie der Zielsetzung des Dokumentes aus. Obligatorische Stakeholder müssen in jedem Fall einbezogen werden. Die Konsultation von Fachexperten und Stakeholdern und die Gründe für die Auswahl sollten im Genehmigungsantrag dokumentiert sein. 36

Das EPM Team steht dem Dokumenteneigner als Berater bei der Auswahl der Stakeholder zur Verfügung. 37

IV. Interne Freigabe

38 Nach der Fertigstellung müssen alle Dokumente intern von der Funktion, Abteilung oder Organisationseinheit, die Eigentümer des Dokuments ist, freigegeben werden. Die Freigabe muss im Genehmigungsformular dokumentiert werden.

V. Vorbereitung zur Genehmigung

39 Die oben beschriebenen Schritte, Aktivitäten und Kriterien müssen abgeschlossen beziehungsweise erfüllt sein, um ein Dokument zur Genehmigung zuzulassen. Zusammengefasst sind dies:
- Zweck und Gegenstand der Policy sind klar umrissen.
- Der Geltungsbereich und die Zielgruppe (Scope and Applicability) sind definiert.
- Das Dokument wurde unter Verwendung der richtigen Vorlage erstellt.
- Notwendige Übersetzungen sind geplant und budgetiert.
- Fachbereichsexperten und Stakeholder wurden einbezogen und haben das Dokument revidiert.
- Ein Implementierungsplan inklusive Kommunikation und Schulung wurde erstellt und eventuell anfallende Kosten sind budgetiert.
- Die Eigentümerorganisation hat die interne Freigabe erteilt.

Alle Informationen hierzu werden im Genehmigungsformular dokumentiert und zusammen mit dem Policy Dokument und allen notwendigen Zusatzinformationen, die das Policy Board für die Genehmigung benötigt, als Genehmigungsantrag eingereicht.

40 Die Information im Genehmigungsantrag helfen dem Policy Board, eine informierte Entscheidung bezüglich der Genehmigung zu treffen und sollten abhängig von der Kategorie des Dokuments dem EPM-Team mind. einen Monat vor der nächsten Policy Board Sitzung vorgelegt werden. Ein Genehmigungsformular kann beispielsweise wie folgt aussehen:

41
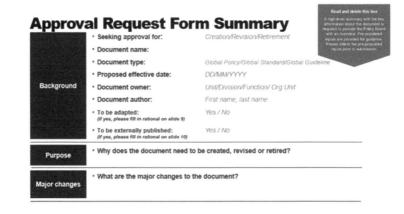

Abb. 28: Formular für Genehmigungsantrag

42 Der Genehmigungsantrag wird dem EPM Team übergeben, um die Vorlage beim Policy Board vorzubereiten und ein Datum für die Vorlage festzulegen.

43 Nach Festlegung des Datums für die Vorlage überprüft das EPM Team das Dokument und das Genehmigungsformular auf Vollständigkeit und Konsistenz. Das Policy Dokument wird auf sprachliche und grammatikalische Korrektheit durchgesehen. Nach gegebenenfalls notwendiger Korrektur werden die Dokumente dem Policy Board zur Überprüfung und Vorabgenehmigung vorgelegt. Dem Policy Board wird ausreichend Zeit gegeben, um

D. Enterprise Policy Management Prozess   § 3

alle Dokumente für das folgende Policy Board Meeting durchzusehen und eventuell offene Fragen mit dem EPM Team oder dem Dokumentenverfasser zu klären.

Das EPM Team hilft in dieser Phase, die Kommunikation zwischen dem Policy Board und den einreichenden Funktionen zu steuern und zu dokumentieren.

Sind alle Fragen geklärt, werden die Ergebnisse der Überprüfung und der entsprechenden Diskussionen durch das EPM Team zusammengefasst und für das Policy Board Meeting aufbereitet.

Bei Bedarf werden die für die Policies und Richtlinien verantwortlichen Personen oder andere Funktionsvertreter eingeladen, die weitere Informationen zur Überprüfung beisteuern können.

VI. Genehmigung

Alle seit der letzten Policy Board Sitzung eingereichten Anträge zur Genehmigung von Policy Dokumenten werden im Policy Board Meeting besprochen, genehmigt, zur Genehmigung empfohlen oder abgelehnt.

Das Policy Board entscheidet, ob gegebenenfalls Dokumente aufgrund ihres Inhaltes oder der Signifikanz des adressierten Risikos zur weiteren Genehmigung an die Geschäftsleitung oder den Aufsichtsrat weitergeleitet werden.

Wird die Genehmigung durch ein weiteres Gremium erforderlich, übernimmt das EPM Team die Weiterleitung, Koordination und holt die Genehmigungen ein.

Genehmigte Dokumente werden zur Implementierung gemäß Implementierungsplan freigegeben. Die Organisation wird über die neuen Policies und Richtlinien informiert.

Das EPM Team kann als Eigentümer des Policy Frameworks die Organisation in regelmäßigen Abständen über die aktuell freigegebenen neuen Policies und Richtlinien informieren, zB im Anschluss an jedes Policy Board Meeting.

VII. Genehmigungsprozess und Freigabestufen bei Novartis

Der Genehmigungsprozess bei Novartis folgt im Wesentlichen dem oben beschriebenen Prozess. Nach der Freigabe durch die verantwortliche Eigentümerorganisation des Policy Dokumentes wird die Freigabe durch das Policy Board initiiert.

Das Policy Board setzt sich zusammen aus Delegierten des Executive Committee und Mitgliedern des Risk & Resilience Leadership Teams (Vgl. Hierzu Abb. 1, Policy Board Charter). Die Sitzungen des Policy Boards finden einmal pro Quartal statt; falls notwendig, ist es auch möglich, ad hoc Sitzungen einzuberufen.

Das Policy Board überprüft die zu genehmigenden Policies, macht gegebenenfalls Korrekturvorschläge und empfiehlt die Policies zur Genehmigung durch den Chief Ethics, Risk and Compliance Officer (CERCO) und den Chief Legal Officer (CLO). CLO und CERCO erteilen die finale Genehmigung im Auftrag des ECN. Sogenannte 'fundamentale Policies' werden zur Genehmigung dem Board of Directors vom entsprechenden ECN Mitglied der verantwortlichen Abteilung vorgelegt.

Richtlinien müssen nicht durch das Policy Board genehmigt werden. Die Freigabe erfolgt durch die verantwortliche Organisationsleitung; das Policy Board wird in jedem Meeting über die entsprechend freigegebenen Richtlinien des letzten Quartals informiert.

Nachdem die Dokumentenkategorien mit ihren Kriterien definiert waren, wurde entschieden, den Genehmigungsprozess entsprechend anzupassen. Die Idee ist, dass mit geringerem Risiko die Genehmigung entsprechend delegiert werden kann. Je nach Kategorie des Dokuments und damit entsprechend des Geltungsbereiches, Inhaltes und adressiertem Risiko sind verschiedene Genehmigungsstufen erforderlich.

§ 3   Enterprise Policy Management

57

Approval Process for creation, revision or retirement of EPM documents

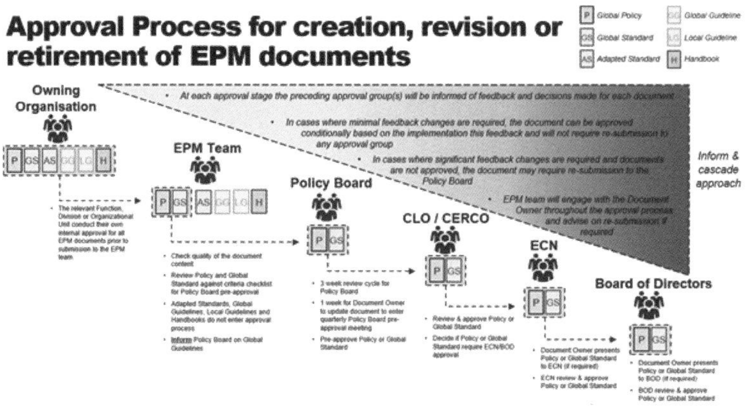

Abb. 29 Genehmigungsprozess

58 Wenn alle Genehmigungen erteilt wurden, informiert das EPM Team die Leader Community über die neu genehmigten EPM-Dokumente mit einer Mitteilung an eine vorher festgelegte Verteilerliste (ECN, ECN-1, Country Presidents inkl. Country Leadership Teams).

VIII. Implementierung, Kommunikation und Training

59 Eine entscheidende Komponente für die Akzeptanz eines EPM Dokumentes ist die sorgfältige und umfassende Einführung des Dokumentes in der Organisation. Im Rahmen der Einreichung des Genehmigungsantrags in der Erstellungsphase müssen alle Dokumenteneigentümer einen umfassenden Implementierungsplan für ihr Dokument vorlegen. Damit soll eine erfolgreiche Einführung des Dokuments innerhalb der festgelegten Fristen und zum vorgeschlagenen Datum des Inkrafttretens sichergestellt werden. Nach der Genehmigung des Policy oder Richtlinien Dokuments ist der Dokumenteneigentümer für die Ausführung des Implementierungsplans verantwortlich.

60 Der übergeordnete Implementierungsplan, der mit dem Genehmigungsantrag eingereicht wird, umreißt die Mindestaktivitäten, die berücksichtigt und abgeschlossen sein müssen, um das Dokument erfolgreich bei allen Mitarbeitern im Geltungsbereich einzuführen. Eine individuelle und detailliertere Implementierungsplanung ist entscheidend für die gute Umsetzung der jeweiligen Policy oder Richtline, da jedes Dokument in Bezug auf Umfang, Komplexität und Reichweite variiert.

61 Die nachstehenden Abschnitte beschreiben einen generischen Implementierungsplan und enthalten eine Reihe von Informationen und Überlegungen, die den Anforderungen einer soliden Implementierung Rechnung tragen.

62 Der Implementierungsplan sollte mind. die folgenden Aktivitäten enthalten.
– Datum des Inkrafttretens
– Erstellung der zugehörigen Dokumente
– Übersetzungen
– Lokale oder funktionale Anpassungen
– Identifikation von Bezügen/Abhängigkeiten zu anderen Policy Dokumenten
– Veröffentlichung der relevanten Kontrollen im Kontrollregister
– Ablage im Dokumentenmanagement System
– Öffentliche Publikation falls erforderlich
– Definition des Archivierungszeitraums
– Kommunikationsplan erstellt, ausgerollt, beendet

D. Enterprise Policy Management Prozess § 3

- Trainingsplan erstellt
- Trainingsmaterial erstellt
- Training ausgerollt

1. Datum des Inkrafttretens des Dokuments

Das Datum des Inkrafttretens ist definiert als das Datum, an dem alle Mitarbeiter, die in den Geltungsbereich des Dokuments fallen, den darin beschriebenen Inhalt befolgen müssen. Das Datum des Inkrafttretens wird vom Dokumenteneigentümer vorgeschlagen, wobei davon ausgegangen wird, dass alle Implementierungsaktivitäten vor dem Datum des Inkrafttretens des Dokuments abgeschlossen sein müssen. Das Datum des Inkrafttretens wird während des Genehmigungsprozesses des Dokuments vereinbart und endgültig festgelegt.

2. Erstellung der zugehörigen Dokumente

a) Übersetzungen

Übersetzungen von globalen Dokumenten sind erforderlich, um das Verständnis aller Mitarbeiter zu gewährleisten und ein regelkonformes Verhalten zu unterstützen. Qualitativ hochwertige Übersetzungen werden in der Regel von externen Partnern vorgenommen und können Kosten generieren. Diese Kosten für die Übersetzungen sollten rechtzeitig budgetiert werden. Um die Kosten in Grenzen zu halten, ist es empfehlenswert, zu überlegen, ob alle Dokumente in alle Sprachen übersetzt werden müssen. Eine Liste mit Kriterien, wie zB Risikoabdeckung kann hier helfen. Es macht auch Sinn, zu definieren, mit welchen Sprachen man den größten Teil der Organisation abdecken kann.

Es muss hier auch berücksichtigt werden, dass in einigen Ländern Vorgaben vom Gesetzgeber verlangen, dass alle Policies oder Richtlinien in der Landessprache verfügbar sein müssen. In jedem Fall ist es empfehlenswert, alle Erfordernisse bezüglich Übersetzungen mit den jeweiligen Ländern und dort mit den Personalorganisationen und Rechtsabteilungen abzustimmen.

Für globale Policies oder Richtlinien wird dringend empfohlen, sie in die wichtigsten Sprachen der Organisation zu übersetzen.

Das EPM Team kann die Vorgaben für Übersetzungen zusammenstellen und zB in den Handbüchern zur Verfügung stellen. Es wird jedoch immer Ausnahmen und Spezialfälle geben, abhängig vom Thema der jeweiligen Policy oder Richtline. Diese Fälle sollten dann jeweils gemeinsam mit dem EPM Team, der Eigentümerorganisation und den entsprechenden Ländern angesehen werden.

b) Anpassungen

Der Eigentümer eines Dokumentes muss entscheiden, ob das Dokument global gültig ist, oder ob lokale oder funktionale Anpassungen notwendig sind. Die Notwendigkeit einer Anpassung eines Dokuments muss zu Beginn des Erstellungs- oder Überarbeitungsprozesses eines Dokuments festgestellt und gegebenenfalls begründet und budgetiert werden. Anpassungen sollten so weit als möglich vermieden werden, da sie die Komplexität des Dokumentenmanagements signifikant erhöhen. Anpassungen können jedoch aus unterschiedlichen Gründen unumgänglich sein. Häufige Gründe für benötigte Anpassungen sind zB restriktivere länderspezifische Gesetze oder spezielle Regelungen im Arbeitsrecht oder Vertragsrecht in bestimmten Ländern.

Wird eine Anpassung für erforderlich gehalten, muss dies entsprechend begründet und im Genehmigungsprozess erwähnt werden. Die Begründung für eine Anpassung kann im Genehmigungsantragsformular dokumentiert werden. Eine Anpassung sollte erst dann erstellt werden, wenn das übergreifende Gesamtdokument im Rahmen des Genehmigungsverfahrens genehmigt worden ist.

70   Die erstellende Organisation trägt die Gesamtverantwortung für die Erstellung der Anpassung, während der oder die jeweilige Verantwortliche des Landes/der Funktion/der Abteilung/der Organisationseinheit für die inhaltliche Anpassung verantwortlich ist.

71   Die Anpassung selbst durchläuft nicht den Genehmigungsprozess des Policy Board, sondern nur das globale Dokument unterliegt diesem Prozess.

72   Das angepasste Dokument sollte nach Fertigstellung und Genehmigung zusammen mit dem Gesamtdokument gespeichert werden.

3. Beziehungen zwischen Dokumenten

73   Beziehungen (übergeordnete und/oder untergeordnete) zwischen Policy und Richtlinien Dokumenten sollten bei der Erstellung identifiziert und Beziehungen innerhalb des Dokumenten Management Systems erfasst werden. Dies erhöht Übersicht und Kontrolle über das Policy Dokument und es lässt sich jederzeit feststellen, wann und wie sich Änderungen auf andere Dokumente auswirken. Damit ist auch gewährleistet, dass Aktualisierungen übergeordneter Dokumente immer entsprechend für alle Dokumente übernommen werden.

4. Veröffentlichung der relevanten Kontrollen im Kontrollregister

74   Bei der Dokumentenerstellung oder -überarbeitung sollten Kontrollen zur Absicherung der Effektivität der Policy oder Richtlinie bereits definiert, mit der internen Kontrollorganisation abgeglichen und dann im Kontrollregister veröffentlicht werden. Es darf keine Policy oder Richtlinie ohne entsprechende Kontrollen erstellt werden.

IX. Ablage im Dokumentenmanagement System

75   Alle Dokumente innerhalb des Dokument Management Frameworks sollten an einem zentralen, für alle Mitarbeiter einfach zugänglichen Ort abgelegt werden. Hier steht immer das aktuelle und freigegebene Dokument zur Verfügung. Um Integrität, Verfügbarkeit und Authentizität sicherzustellen, darf das Dokument nicht kopiert, verändert oder an einem anderen Ort abgelegt werden. Dies wird am besten mit einem professionellen Dokument Management System erreicht.

76   Die Dokumenten Eigentümer sind verantwortlich, dass ihr Dokument und alle Anpassungen nur an diesem einen Ort abgelegt sind.

X. Archivierung

77   Alle Dokumente sollten im Dokument Management System für die Dauer der definierten Aufbewahrungsfrist der besitzenden Organisation archiviert werden.

XI. Öffentliche Publikationen

78   Viele Organisationen veröffentlichen bestimmte Policies und Richtlinien wie zB ihren Code of Conduct auf ihrem Internet.

79   Wenn eine Abteilung spezielle Policies und Richtlinien veröffentlichen möchte, ist sicherzustellen, dass diese Veröffentlichung intern genehmigt (in der Regel von der Rechtsabteilung) wurde und dass immer die aktuelle Version veröffentlicht und gepflegt wird.

XII. Kommunikation

Die Organisation muss regelmäßig und zeitnah über neue oder geänderte Policies und Richtlinien informiert werden. Alle Mitarbeiter müssen Aussage und Inhalt der Policies und Richtlinien genau verstehen, und in der Lage sein, diese in ihre tägliche Arbeit einzubeziehen. Zielgerichtete Kommunikation ist hierzu unerlässlich. 80

Ein Kommunikationsplan muss als Teil des Implementierungsplans erstellt werden, um eine effektive Einführung des Dokuments bei den Mitarbeitern im Geltungsbereich sicherzustellen. Schlüsselelemente des Kommunikationsplans sollten sein: 81
– Genaue Zeitpläne, um sicherzustellen, dass die Kommunikation zeitnah die Einführung begleitet
– Identifizierung der wichtigsten Stakeholder-Gruppen, die von der Erstellung/Aktualisierung des Dokuments betroffen sind
– Festlegung der Kommunikationsmethode, zB E-Mail, Yammer, Webinare usw.
– Dokumentieren und Speichern des Kommunikationsplans für Prüfungszwecke
– Erstellung und Fertigstellung von Kommunikationsmaterial

Das verwendete Kommunikationsmaterial und die entsprechenden Medien sollten jeweils dem Geltungsbereich und der Zielgruppe angepasst sein. Die Mitarbeiter haben unterschiedliche Präferenzen und Möglichkeiten, sich zu informieren, daher sollten immer mehrere Kanäle zur Unterstützung der Einführung der Policy oder Richtlinie genutzt werden. 82

Für jede Methode der Übermittlung müssen die entsprechenden Materialien erstellt werden. Dazu können Inhalte für E-Mails, Präsentationsmaterial für Webinare, Videos für die gemeinsame Nutzung auf Yammer, Flyer, Poster vor Ort, usw., gehören. Speziell für globale und fundamentale Policies kann es Sinn machen, externe Agenturen zur Erstellung der Materialien zu konsultieren. Diese Aktivitäten sollten geplant und gegebenenfalls auch budgetiert werden. 83

Der Roll-Out des Kommunikationsplans beginnt zu dem Zeitpunkt, an dem der Dokumenteneigentümer mit der Durchführung der im Plan dargelegten Aktivitäten beginnt. 84

XIII. Training

Die Komplexität, der Inhalt und die Signifikanz der einzuführenden Policy oder Richtlinie sollte Art und Ausmaß der Schulung bestimmen. Es müssen nicht in jedem Fall alle Mitarbeiter geschult werden, aber je besser der Einzelne sich mit den Zielen und der Thematik der Policy oder Richtlinie identifizieren kann, umso eher werden die Prinzipien und Inhalte in die Entscheidungsfindung und den täglichen Arbeitsablauf eingebunden. 85

Der Dokumenteneigentümer entscheidet über den Schulungsplan und die Durchführung der Schulung. 86

Ein Schulungsplan muss als Teil des Implementierungsplans erstellt werden, um eine effektive Einführung des Dokuments bei den Mitarbeitern zu gewährleisten. Schlüsselelemente des Schulungsplanes sollten sein: 87
– Identifizierung der Bereiche und Mitarbeiter, die geschult werden müssen,
– Konsultation und Zusammenarbeit mit Fachleuten für Schulung und Entwicklung, um Schulungsmaterialien, -medien und -durchführung zu erarbeiten,
– Festlegung der Methode zur Durchführung der Schulung,
– Einholung von Angeboten und Budgetierung im Fall der Inanspruchnahme eines externen Schulungsanbieters,
– Festlegung von Zeitplänen, um sicherzustellen, dass die Einführung der Schulungen rechtzeitig abgeschlossen wird,
– Dokumentieren und Speichern des Schulungsplans für Prüfungszwecke.

88 Für jede Schulungsmethode müssen die entsprechenden Schulungsmaterialien zur Unterstützung der Einführung erstellt werden, zB Videoclips, Online Trainings, Material für Präsentationen und Ähnliches.

89 Die Durchführung des Schulungsplans beginnt in dem Moment, in dem der Dokumenteneigentümer mit den im Plan beschriebenen Aktivitäten beginnt. Dies kann auch nach dem Datum des Inkrafttretens der Policy geschehen.

XIV. Überprüfung

90 Ein Policy Dokument sollte nach der Implementierung regelmäßig hinsichtlich der Aktualität und Wirksamkeit überprüft werden. Dazu muss jedes Dokument ein definiertes Ablaufdatum haben. Die Überprüfung sollte vor Ablauf dieses Zeitraums stattfinden. Wurden ad-hoc Änderungen innerhalb dieses Zeitraumes notwendig, verlängert sich das Ablaufdatum entsprechend.

91 Die Überprüfung kann zu unterschiedlichen Ergebnissen hinsichtlich des weiteren Lebenszyklus des Dokumentes führen.
   – Keine Änderung – Das Ablaufdatum wird um eine weitere Periode erneuert.
   – Geringfügige Änderung – Typischerweise Änderungen bezüglich Namen von Organisationen/Abteilungen, updates zu Kontaktinformationen, Änderungen von Links, etc. Sofern keine inhaltliche Änderung erfolgt ist, wird die Änderung durch das EPM Team freigegeben und das Ablaufdatum wird entsprechend erneuert.
   – Inhaltliche Änderung – Inhaltliche Änderungen beziehen sich typischerweise auf zusätzlichen oder gelöschten Inhalt, Änderungen zum Zweck oder Gültigkeitsbereich und erfordern immer eine Neuvorstellung beim Policy Board; nach der erforderlichen Genehmigung wird das Ablaufdatum entsprechend erneuert
   – Ausmusterung des Dokumentes – Wird ein Dokument außer Dienst gestellt, muss dies vom Policy Board freigegeben werden. Nach der Freigabe muss sichergestellt werden das das Dokument und alle Bezüge entsprechend gelöscht werden. Details zur Ausmusterung eines Dokumentes sind im Folgenden beschrieben.

XV. Außer Dienst stellen von Policies und Richtlinien

92 Sobald entschieden wurde, dass ein Dokument aus dem Verkehr gezogen werden soll, muss sichergestellt werden, dass dies auf korrekte und vollständige Weise geschieht. Als Teil des Genehmigungsformulars, mit dem die Ausmusterung eines Dokuments beantragt wird, müssen alle Dokumenteneigentümer einen übergeordneten Plan für die Ausmusterung ihres jeweiligen Dokuments vorlegen. Damit soll sichergestellt werden, dass das Dokument innerhalb des festgelegten Zeitrahmens erfolgreich aus dem Verkehr gezogen wird. Der Dokumenteneigentümer ist für die Ausführung des Planes zur Ausmusterung verantwortlich.

93 Der mit dem Genehmigungsantrag eingereichte Plan für die Ausmusterung von Dokumenten beschreibt die Mindestaktivitäten, die für eine erfolgreiche Ausmusterung des Dokuments zu berücksichtigen und abzuschließen sind. Eine detailliertere Planung ist durchaus erwünscht, da jedes Dokument in Bezug auf Größe, Komplexität und Reichweite variiert.

E. Rollen und Verantwortlichkeiten §3

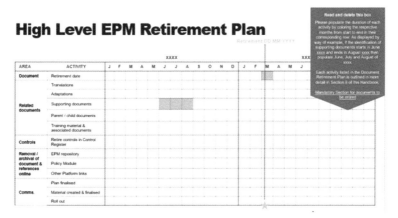

Abb. 30: High Level Document Retirement Plan

E. Rollen und Verantwortlichkeiten

Wie in der Prozessbeschreibung dargelegt, sind eine Reihe von unterschiedlichen Personen und/oder Funktionen in den Dokument Lifecycle eingebunden. Die einzelnen Rollen und Verantwortlichkeiten müssen klar verteilt sein. Eventuelle Unklarheiten können dazu führen, dass der Prozess nicht reibungslos abläuft und es zu Verzögerungen bei der Freigabe und in Kraft setzen der Policies und Richtlinien kommen kann was wiederum potenzielle Compliance Risiken birgt. Schwerer wiegt es jedoch, wenn die Policy selbst inhaltliche Lücken oder Unklarheiten aufweist. Um das, und damit schwerwiegende Compliance Probleme zu verhindern, greifen die Rollen von Richtlinienverantwortlichem und Autor, Stakeholdern, Policy Board sowie der Policy Management Organisation ineinander. Die Verantwortlichkeiten müssen hierbei klar geregelt sein.

I. Richtlinienverantwortlicher/Dokumenteneigentümer

Die Eigentümerorganisation des Policy Dokumentes ist für den gesamten Dokument Lifecycle von der Erstellung bis zur Außerdienststellung verantwortlich.

Dies umfasst die Verantwortung für den Inhalt des Dokuments, die dazugehörigen Kontrollen, sowie alle Aktivitäten des Dokument-Lifecycle von der Genehmigung, Implementierung über regelmäßige Revisionen und notwendige Anpassungen bis hin zum Außerdienststellen des Dokumentes. Im Einzelnen umfasst die Rolle folgende Aufgaben:
- Die Erstellung neuer EPM-Dokumente und die regelmäßige Überprüfung im Lifecycle im Dokumentenmanagementsystem (DMS) initiieren.
- Identifizierung, Beratung und Abstimmung mit Dokumenten Fachexperten und Stakeholdern.
- In Abstimmung mit der internen Kontrollorganisation, Identifizierung von Kontrollen zur Risikominderung und Sicherstellung, dass diese Kontrollen vor dem Inkrafttreten des Dokuments implementiert sind.
- Definieren und überwachen der Implementierung und Außerdienststellung von Dokumenten sowie damit verbundene Aufgaben. Zum Beispiel Veröffentlichung, Archivierung, Kommunikation, Schulung usw.
- Definition der Anforderungen für die Übersetzung von Dokumenten, Anpassungen und unterstützende Dokumente.

- Sicherstellen, dass die Kosten für die Erstellung und Implementierung des Dokuments und die damit verbundenen Übersetzungen und Anpassungen budgetiert sind und genehmigt wurden.
- Durchführung von Überprüfungen der implementierten EPM-Dokumente, einschließlich des Inhalts, der internen Kontrollen und der unterstützenden Dokumente.
- Zusammenarbeit mit dem EPM-Team in Bezug auf das EPM Framework und Prozess.

98 Der Dokumenteneigentümer kann Aktivitäten nach Bedarf delegieren, zB an die Autoren des Dokuments. Der delegierte Mitarbeiter ist für den Abschluss der Aktivität verantwortlich, der Dokumenteneigentümer bleibt jedoch rechenschaftspflichtig.

99 Der Leiter der besitzenden Organisation muss das Dokument genehmigen, bevor es dem Policy Board vorgelegt wird.

II. Fachexperten, Stakeholder

100 Fachexperten und Stakeholder sind in den Dokumentenerstellungsprozess als Gutachter beziehungsweise Rezensent eingebunden. Je nach ihrer Rolle innerhalb der Funktion können sie einen Mehrwert zum Inhalt des Dokuments beitragen oder ein besonderes Interesse an dem betreffenden Dokument haben. Fachexperten und Stakeholder werden von den Dokumenteneigentümers bestellt. Ihre Aufgaben sind unter anderem
- die Überprüfung und Mitarbeit an neu erstellten Dokumenten,
- die Bereitstellung von Beiträgen und Ratschlägen zu inhaltlichen Änderungen von EPM-Dokumenten,
- die Unterstützung bei der Implementierung neuer Dokumente.

101 Spezielle Stakeholder können als obligatorische Rezensenten definiert sein.

102 Kontroll-Experten können zB bei der Festlegung von relevanten Kontrollen helfen und, so wie bei Novartis, sicherstellen, dass die definierten Kontrollen in das Kontrollregister aufgenommen werden. Ebenso unterstützen sie die Dokumenteneigentümer bei der Überarbeitung und Aktualisierung der Kontrollen während des gesamten Lebenszyklus des EPM-Dokuments.

103 Die Kollegen von der internen Revision können eine wichtige Rolle im Erstellungsprozess spielen, indem sie neu erstellte oder geänderte Policy Dokumente oder Richtlinien überprüfen und als unabhängige Berater die Effizienz und Effektivität des Dokumenteninhaltes bestätigen.

104 Die Rechtsabteilung sollte die Dokumente auf ihre juristische Korrektheit und Compliance mit der jeweiligen Gesetzgebung überprüfen.

III. Policy Experte

105 Als Teil des EPM Teams unterstützt der Policy Experte die Dokumentenautoren bei der Erstellung und Überprüfung von Dokumenten um die Qualität des Dokumentes sowie die Konsistenz und Einhaltung der definierten Standards während des Dokument Lifecycle sicherzustellen.

IV. EPM Team

106 Als Eigentümer des EPM Frameworks sorgt das EPM Team dafür, dass der EPM Prozess von allen Beteiligten verstanden und befolgt wird und dass die Policy Dokumente gleichbleibend hohe Qualitätsstandards erfüllen. Im Einzelnen sind die Aufgaben des EPM Teams
- Leitung und Aufrechterhaltung des EPM-Prozesses

- Überprüfung und Genehmigung von Anträgen bezüglich neuer Policy-Dokumente und Richtlinien, Überarbeitung und Außerdienststellung bestehender relevanter Dokumente
- Unterstützung der Dokumenteneigentümer bei der Erstellung und Überprüfung von Dokumenten und Sicherstellung von Qualität, Konsistenz und Einhaltung definierter Standards während ihres gesamten Lebenszyklus
- Beratung des Dokumenteneigentümers auf der Grundlage des Dokumentenzwecks, ob ein Dokument die Kriterien für ein Policy Dokument erfüllt und welcher Dokumententyp anwendbar ist
- Beratung des Dokumenteneigentümers bei der Identifizierung von Fachexperten und Stakeholdern, die auf der Grundlage des erwarteten Dokumentinhalts konsultiert werden müssen
- Beratung des Dokumenteneigentümers bei der Anpassung und Übersetzung von EPM-Dokumenten
- Beratung und Unterstützung während des gesamten Lebenszyklus des Dokuments
- Sicherstellung einer einheitlichen Qualität aller relevanter Dokumente
- Unterstützung der Mitarbeiter bei der Nutzung des Dokument Management Systems
- Einberufung und Leitung von Sitzungen des Policy Board gemäß der Policy Board Charter
- Überprüfung und Vorlage von Policy Dokumenten beim Policy Board
- Regelmäßige Kommunikation an die Unternehmensleitung über kürzlich genehmigte Policy Dokumente mithilfe einer vorher festgelegten Verteilerliste (Vorstand, Vorstand-1, Länderpräsidenten einschließlich ihrer Führungsteams)

VI. Policy Board

Das Policy Board setzt sich aus wichtigen Unternehmensfunktionen zusammen, die von den jeweiligen Geschäftsleitungsmitgliedern delegiert werden. Es spielt eine Schlüsselrolle in der Genehmigungsphase von EPM-Dokumenten. Die Aufgaben des Policy Board wurden im Detail im Kapitel Governance und Gremien beschrieben; generell ist das Policy Board verantwortlich für
- Die Beaufsichtigung, Beratung und Anleitung in Bezug auf das Enterprise Policy Management Framework
- Die Überprüfung spezifischer Policy und Richtlinien Dokumente, Bereitstellung von Feedback und Empfehlung zur Genehmigung oder Ablehnung durch die entsprechenden Gremien

VII. Geschäftsleitung/Vorstand

Die Geschäftsleitung genehmigt alle neuen Policy Dokumente. Im Einzelnen umfasst dies die Überprüfung und Genehmigung der Erstellung und Überarbeitung von Policy Dokumenten auf Empfehlung des Policy Board und, falls erforderlich, die Unterrichtung von definierten Gremien der Unternehmensleitung wie beispielsweise des Aufsichtsrates.

F. EPM Richtlinien und Handbücher

Alle Prozesse und Aktivitäten innerhalb des Enterprise Policy Management Frameworks sollten durch entsprechende Richtlinien und Handbücher beschrieben und näher erläutert werden.

I. EPM Richtlinie

110 Der Zweck der Richtlinie ist die Darstellung der Regeln, Grundsätze und/oder übergeordneten Prozesse des Enterprise Policy Management (EPM) Frameworks. Das Dokument gibt einen Überblick über die Prozesse zur Erstellung, Überprüfung, Genehmigung und Verwaltung der globalen Policies, Richtlinien und Handbücher und aller erforderlichen angepassten Versionen oder unterstützenden Dokumente.

111 Der Geltungsbereich der Richtlinie umfasst alle Organisationen und Mitarbeiter, die eine Rolle im EPM-Prozess haben (zB Dokumenteneigentümer, Fachexperte, Genehmiger usw).

112 Die EPM Richtlinie sollte die folgenden Kapitel enthalten:
– Inhalt
– Einleitung
– Zweck
– Anwendungs- und Geltungsbereich
– Rollen und Verantwortlichkeiten
– Richtlinie
– EPM Lifecycle
– EPM Prinzipien
– Interne Kontrollen
– Nichteinhaltung
– Anpassungen
– Definitionen
– Abkürzungen

II. EPM Handbuch

113 Das Handbuch unterstützt die EPM-Richtlinie und enthält eine detaillierte Beschreibung des EPM-Frameworks mit allen Prozessen für die Erstellung, Überprüfung, Genehmigung und das Lebenszyklusmanagement von Policies, Richtlinien und Handbüchern sowie aller unterstützender Dokumente. Das Handbuch gilt für alle Mitarbeiter, die im EPM-Prozess eine Rolle spielen (zB Dokumenteneigentümer, Fachexperten, Genehmiger usw.). Das EPM-Handbuch sollte nach der vollständigen Lektüre der EPM-Richtlinie zu Rate gezogen werden. Das EPM Handbuch gliedert sich wie folgt:
– Einleitung, Zweck, Anwendungs- und Geltungsbereich, Rollen und Verantwortungen
– Framework & Definitionen, Differenzierung Policies, Richtlinien, Handbücher
– High Level EPM Prozess
– Die Erstellung eines EPM Dokumentes – Kategorie, Erstellung
– Überprüfung eines EPM Dokumentes – Methode, Ergebnisse
– Implementierung eines EPM Dokumentes – Inkrafttreten, Bezüge zu anderen Dokumenten, Kontrollen, Ablage, Publizierung, Kommunikation, Training
– Außerdienststellen eines EPM Dokumentes – Terminierung, Kommunikation, Löschen des Dokumentes inklusive aller Kontrollen und Referenzen
– Weitere Materialien zur Anwendung, Templates, How-to-guides
– Anpassungen – Kriterien, Leitfaden
– Koordination mit Interner Kontrollorganisation und Enterprise Risk Management
– Interne Kontrollen
– Abkürzungen
– Referenzen

III. EPM-Dokumentvorlagen/ Templates

Templates unterstützen die Dokumenteneigentümer bei der Erstellung von Dokumenten und gewährleisten ein einheitliches Erscheinungsbild für alle Policies, Richtlinien und Handbücher sowie für alle erforderlichen angepassten Versionen oder unterstützenden Dokumente. 114

Neben den formalen Vorgaben, wie Textart und Größe, Inhaltsverzeichnis, Versionenkontrolle, und gestalterischen Elementen wie Abbildungen oder Titelseiten können die Templates auch verpflichtende Textbausteine, die für alle Dokumente der Kategorie gelten, enthalten. Dies können zB Details über die Konsequenzen bezüglich der Nicht-Einhaltung von Policies oder Richtlinien sein. 115

Templates geben Struktur und durch homogenen Aufbau wird die Lesbarkeit und damit auch die Verständlichkeit der Policy Dokumente erhöht. Policy Dokumente sind einfach wiedererkennbar und schnell zuzuordnen. 116

Die Verwendung der Templates sollte verpflichtend für die Erstellung eines Policy oder Richtliniendokumentes sein. Die Templates sind im Dokumentenmanagement System verfügbar und einfach zu finden und anzuwenden. Farbliche Kennzeichnung je nach Dokumententenkategorie erleichtert ebenfalls die Zuordnung und Wiedererkennbarkeit. 117

Zur einfachen Anwendung sollten die Templates entsprechende Anweisungen enthalten, die direkt bei der Texterstellung umgesetzt werden können. 118

> **Praxistipp – Qualität der Dokumente im Framework** 119
>
> Policies und Richtlinien müssen von allen relevanten Mitarbeitern genau verstanden werden, um die Umsetzung nicht zu gefährden und das Risiko von Fehlverhalten und non-Compliance zu minimieren. Das Enterprise Policy Management (EPM) Team kann die Organisation hierbei unterstützen, indem sie eng mit den Dokumenteneigentümern und Autoren zusammenarbeiten und entsprechendes Material wie Handbücher, Vorlagen, Fragen & Antworten, aber auch Trainings, Erfahrungsgruppen und Intranet-Foren und ähnliches bereitstellen.
>
> Es ist hilfreich für das Verständnis, wenn die Policy Dokumente immer dem gleichen Schema folgen, hierzu sollten entsprechende Templates zur Verfügung stehen
>
> Policies und Richtlinien werden häufig von den fachlichen Experten einer Funktion geschrieben, denen zwar die Thematik und die Abläufe ihres Fachbereiches sehr vertraut sind, aber die sich sprachlich auch viel fachlicher Terminologie bedienen, die nicht allen bekannt ist. Dies kann unter Umständen dazu führen, dass das Zielpublikum, speziell die fachfremden Mitarbeiter, nicht erreicht werden und damit auch das Ziel, die Problematik zu verstehen, und entsprechend zu agieren, verfehlt wird.
>
> Dieses Problem kann auch auftauchen, wenn, wie in vielen international tätigen Organisationen üblich, die globalen Policies und Richtlinien auf Englisch verfasst werden. Dies kann zu vielen Fehlern und sprachlichen Missverständnissen führen. Es sollte in jedem Fall darauf geachtet werden, dass die Dokumente von Experten, aber auch von Themenfremden gegengelesen werden.
>
> Die EPM Organisation sollte Spezialisten zur Verfügung haben, welche die Dokumenteninhaber beim Schreiben unterstützen können. Diese Spezialisten sollten mit dem Schreiben von Policy Dokumenten vertraut sein, idealerweise die Organisation sehr gut kennen und über didaktische und kommunikationstechnische Fähigkeiten verfügen. Mögliche Kandidaten wären Juristen oder Mitarbeiter aus der Qualitätssicherung, die Erfahrung mit Registrierungsdokumenten oder Aufsichtsbehörden haben.
>
> Fachexperten helfen sicherzustellen, dass die Policy fachlich und sachlich auf solidem Fundament steht. Stakeholder sind in der Regel keine Fachexperten, sondern Nutzer oder Adressaten der Policy Dokumente; sie können wertvolle Hinweise bezüglich Rele-

vanz, Lesbarkeit und Verständlichkeit des Dokumentes geben; Stakeholder sind in jedem Fall auch sehr gute Unterstützer bei der Implementierung, sie können helfen die Akzeptanz der neuen Policy in der Organisation positiv zu beeinflussen

IV. Richtlinien, Handbücher, Templates bei Novartis

120 Die größte Veränderung, die die Einführung des Policy Management Framework mit sich brachte, war die signifikant gestiegene Verantwortung der Dokumenteneigentümer. Es war üblich, Policies und Richtlinien zu schreiben und die Implementierung in erster Linie den Funktionen und Ländern zu überlassen. Anpassungen konnten beliebig vorgenommen werden, und mangels eines zentralen Speichers wurden die Dokumente vielfach kopiert und in lokalen Sharepoint Verzeichnissen abgelegt. Die Eigentümer hatten wenig Kontrolle über ihre Dokumente.

121 Mit Einführung des neuen Frameworks liegt die Verantwortung für das Dokument während der gesamten Lebensdauer klar bei den Eigentümern. Die Policy Dokumente müssen in gleichbleibend hoher Qualität erstellt werden. Alle Varianten, Übersetzungen oder Anpassungen dürfen ausschließlich mit dem Einverständnis der Eigentümer erstellt werden. Die Eigentümer müssen einen Überblick über ihre Dokumente behalten.

122 Das EPM Team unterstützt die Eigentümer bei dieser Aufgabe mit einer Reihe von Systemen, Richtlinien, Handbüchern, Templates, Trainings (online und face-to-face) Fragen und Antworten, oder how-to-guides.

123 Die Palette von unterstützenden Materialien, wie in Abb. 31 dargestellt, umfasst unter anderem Richtlinie und Handbuch, Templates für die zu verfassenden Policy Dokumente, Vorlagen, die den Genehmigungsprozess unterstützen, Anleitungen für die Systeme. Alle Materialien sind über eine gemeinsame, für alle zugängliche Intranet Page sowie im Dokumenten Management System zu finden.

124

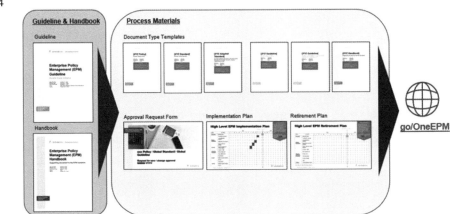

Abb. 31: Supporting Materials for Document Owners

125 Diese Materialien werden mit zunehmender Erfahrung mit dem Framework ergänzt und verbessert.

126 Das jüngste Dokument ist der 'How-to-Guide', der Autoren helfen soll, den Qualitätsanforderungen an gute Policy Dokumente zu genügen, indem do's und dont's gegenübergestellt werden. Auch dieses Dokument wird ständig überarbeitet und auf den neuesten Stand gebracht.

Structure and Consistency	Do	• Align with the EPM team on the document type and content before starting to write your document. • Only use templates provided by EPM (all templates are brand compliant). • Follow the structure of the template. • Use the same layout, writing style and visual elements throughout the document.
	Don't	• Update it with extra sections or title pages. • Name the document starting with "Global" or your company's designation as it makes your document difficult to locate in the Policy Module (all EPM documents are global documents). • Change color coding as EPM documents (Policy, Standard, Guideline and Handbook) have a pre-defined layout and color coding.
Clarity	Do	• Use short, simple words, and sentences. • Be specific. • All abbreviations mentioned in the abbreviation table need to be mentioned in the text and vice versa. • Always make references to any content specific figures in the text and label the figures. • Ensure all references (documents) are included in the reference table.
	Don't	• Use long and complex sentences. • Be general or vague. • Use orphan figures/pictures/tables/charts.
Readability	Do	• Check the grammar and the spelling of your document using the MS Word Spelling & Grammar check under the Review tab. • Use US English language. • Set up and use the Readability statistics generated by the Spelling and Grammar check (Set up / File / Option / Proofing / Check the box "show readability Statistics"). • Remember the document should be understandable by your audience (i.e., all associates for a Policy and Standard, target audience for a Guideline). • When using acronyms spell them out the first time you use them followed by the abbreviation in parentheses. The abbreviations may be used alone on second reference. • All abbreviations must be included in the abbreviation table. • Always write from a third-person perspective, e.g., "the company ...", "All associates ..."
Visual Appeal	Do	• If you use pictures (e.g., Snagit), ensure they are high definition.
	Don't	• Use pictures of text in the document.
Content	Do	• Be concise • Ensure the document content is specific to the document itself and with no extra or irrelevant information.
	Don't	• Copy and paste information from other documents (e.g., from an overarching EPM document to a Handbook). • Put a whole attachment in the document • Add hyperlinks in the document
Information level of detail	Do	• Provide an appropriate level of detail relative to the document type. Policies, Standards and Guidelines are encompassing principle, rules, and high-level processes, so they should remain shorter compared to Handbooks which generally contain higher level of detail.
Accuracy	Do	• Make sure your document does not contain any factual errors. • Ensure that relevant or important information has not been omitted. • Ensure your document content has been checked by relevant Subject Matter Experts and stakeholders.

Abb. 32: How to write good Policy Documents

V. Systemunterstützung

Der gesamte Dokument Lifecycle und die dazugehörigen Prozesse werden idealerweise von einem Dokument Management System (DMS) unterstützt.

Ein Dokumentenmanagement System gewährleistet die Integrität, Verfügbarkeit und Authentizität aller EPM-Dokumente. Alle Versionen der EPM-Dokumente werden im DMS entsprechend den Anforderungen an die Aufbewahrung von Dokumenten gepflegt und aufbewahrt.

Die Benutzeroberfläche sollte einfach zu bedienen sein, da die Dokumente von allen Mitarbeitern jederzeit und schnell auffindbar sein müssen. Zudem muss das System den Anspruch als 'single source of truth' genügen. Alle Policy Dokumente liegen an einem Ort und es gibt keine Kopien außerhalb dieses Ortes.

Um die Auffindbarkeit weiterhin zu erleichtern, sollten die Namenskonventionen für die Dokumente einfach zu verstehen und aufzufinden sein. Attribute wie Name, verantwortliche Abteilung Sprache und Version sollten klar ersichtlich sein. Ein Beispiel für Naming Conventions ist in Abb. 33 illustriert.

132 Naming Convention EPM documents

EPM_ERC_POL_CodeofEthics_V001_EN
EPM_PO_GST_CarFleet_V001_EN

EPM Indicator	Owning Organisation	Doc type	Name of Document	Version	Language
EPM_	ERC_	POL_	CodeofEthics_	V001_	EN
EPM_	ERC_	GDL_	EnterprisePolicyManagement_	V001_	FR
EPM_	PO_	GST_	CarFleet_	V001_	DE
EPM_	NBS_	POL_	HealthSafetyandEnvironment_	V001_	EN
EPM_	Digital_	GDL_	AnonymizedDataAccess_	V001_	PT

Abb. 33: System Naming Conventions

133 Das System sollte den Workflow von der Erstellung über Genehmigung bis hin zur Archivierung abbilden und insbesondere die folgenden Bereiche abdecken:
- Verwaltung von Inhalten – es sollte möglich sein, nach speziellen Themen oder Schlagwörtern zu suchen
- Workflow-Management, einschließlich Online-Überprüfung und -Genehmigung – der gesamte Genehmigungsprozess sollte im System abgebildet sein
- Dokumenten-Repository, einschließlich Quelldokument – alle Dokumente sind an einem Ort einmal gespeichert und können ausschließlich von autorisierten Personen geändert werden
- Automatische Erinnerungsfunktionen für die Überarbeitungszeit von Dokumenten, Aktionen von Prüfern usw.) – das System überwacht die Gültigkeitsdauer von Dokumenten und erstellt automatische Erinnerungen für die verantwortlichen Personen
- Compliance mit anderen Standards in der Organisation für Dokument Management (verwendet von Qualitätssicherung, IT, Entwicklung, etc..) – idealerweise sollten alle Systeme die gleiche Oberfläche haben. In jedem Fall sollten Querverweise auf Dokumente zwischen den einzelnen Systemen möglich sein

134 Die Anforderungen an ein System sollten gemeinsam mit den Policy Dokument Verantwortlichen sowie Funktionen wie der Internen Revision oder Legal definiert und in einem Pflichtenheft zusammengestellt werden. Das Pflichtenheft hilft, das richtige System zu identifizieren und in der für die Organisation benötigten Version zu implementieren. Tabelle 6 listet beispielhaft die Anforderungen in einem Pflichtenheft für ein Dokument Management System auf.

135 Tabelle 6: Beispiel für eine Pflichtenheft für ein Policy Document Management System

Anforderungen	Must versus Nice-to-have
Erstellung und Speicherung von Prüfprotokollen für Dokumentenänderungen	Must
Begründungen für „nicht genehmigt" bereitstellen	Must
Möglichkeit, Versionen nach Sprache zu erstellen	Must
Versionen, die regions-, länder- oder standortspezifische Änderungen zulassen	Must

F. EPM Richtlinien und Handbücher § 3

Anforderungen	Must versus Nice-to-have
Möglichkeit der Verlinkung von einer Intranetseite	Must
Dokumenttypen zuweisen können	Must
Verknüpfung zwischen untergeordnetem und übergeordnetem Dokument, Verknüpfung zu übergeordneten Dokumenten von untergeordneten Dokumenten aus	Must
Verfolgung von Kontrollen zu Dokumenten	Must
Erzwingen eines bestimmten Formats (Vorlage) für den Dokumententyp	Must
Verfolgung des Dokumentenstatus/Prozessablaufs	Must
Festlegung von Überprüfungszyklen für Dokumenttypen	Must
Identifizierung von Verweisen auf ein Dokument und Benachrichtigung der betroffenen Dokumenteneigentümer	Must
Antrag auf Erstellung eines neuen Dokuments stellen können	Must
Kann einen Antrag für ein neues Dokument genehmigen	Must
Erstellen eines neuen Dokuments auf der Grundlage eines Standardformats nach Dokumententyp	Must
Zuweisung von Prüfern, Genehmigern…	Must
Kann ein Dokument mit mehreren Genehmigern vorgenehmigen und genehmigen	Must
Kann eine Vorabgenehmigung einholen und aufzeichnen	Must
Einholen und Aufzeichnen der Genehmigung	Must
Gültigkeitsdatum auf das Dokument anwenden	Must
Benachrichtigung über Überprüfung oder Ablauf des Dokuments senden	Must
Dokumente auslagern und aufbewahren	Must
Dokumente unabhängig vom Status abrufen können	Must
Möglichkeit, eine eindeutige Dokumentennummer zu vergeben	Must
Ermöglicht die Verfolgung der Implementierung (zB Organisation, Land)	Nice
Prozess und Unterstützung für Länderabweichungen	Nice
Unterstützt den Prozess der Richtlinienabweichung &	Nice
Unterstützt den Genehmigungsprozess für Richtlinienabweichungen &	Nice
Sicherstellung der Integrität der Daten	Must
Sicherstellung der Authentizität der Daten	Must
Durchsuchbar über Schlüsselwörter, Metadaten, Tags	Must
Verfügbarkeit unterstützt 24/7/365 Prozesse	Must
Möglichkeit der Zuweisung von Rollen mit unterschiedlichem Zugriff	Nice

Anforderungen	Must versus Nice-to-have
Möglichkeit, den Zugriff auf bestimmte Dokumentenkategorien zu beschränken (zB auf die eigene Funktion)	Nice
„Standardansicht" für alle Dokumente mit Ausnahme derjenigen, die vom Eigentümer als ‚Vertraulich' gekennzeichnet sind	Nice
Benachrichtigung anderer Dokumenteneigentümer, die darauf hingewiesen haben, dass ein Dokument überarbeitet oder zurückgezogen wird	Must
Möglichkeit der Zuweisung von Kriterien zum Zeitpunkt der Erstellung	Nice
Benachrichtigung des Besitzers des übergeordneten Dokuments, wenn ein neuer Verweis erstellt wird	Must
Möglichkeit, die Richtlinie in einer leicht lesbaren Version auszudrucken	Nice
Alle von mir besessenen, genehmigten und überprüften Dokumente können an einem Ort angezeigt werden	Must
Anzeige verwandter Dokumente	Must
Anzeige der gerade gelesenen Version des Dokuments	Must
Vorhandene Dokumente können hochgeladen werden, ohne den Workflow zu durchlaufen	Must
Anzeige des Gültigkeitsdatums des gelesenen Dokuments	Must

136   Novartis verwendet einen konzernweiten Standard für Dokumentenmanagement, das Modul für Policy Management wurde mithilfe der Anforderungen aus dem Pflichtenheft angepasst und entsprechend implementiert. Der Zugriff auf die Dokumente erfolgt über eine WebPage im Novartis Intranet, welche über spezielle Links auf die Dokumente zugreift. Diese WebPage ermöglicht es, weitere Information zu der entsprechenden Policy anzubieten, ohne die Integrität des eigentlichen Policy Dokumentes zu gefährden.

137   Die Dokumenteneigentümer sind für die Erstellung der jeweiligen Policy WebPage verantwortlich, auf der die EPM-Dokumente veröffentlicht werden und auf die alle Mitarbeiter zugreifen können. Anweisungen und Support dazu stellt das EPM Team zur Verfügung.

G. Praktisches Beispiel – Das Novartis Policy Management Framework

138   Bei Novartis findet man traditionell ein sehr strukturiertes und geregeltes Dokumentenmanagement für alle GxP[13] relevanten Prozesse. Außerhalb dieser Grenzen gab es lange Zeit nur sehr grobe Vorgaben und wenige, heterogene Richtlinien. Das hatte zur Folge, dass die Policy und Richtlinienlandschaft recht komplex und intransparent und das zu erwartende Maß an Compliance und Verantwortlichkeit der Mitarbeiter im gesamten Unternehmen entsprechend der heutigen Anforderungen nicht mehr angemessen war.

139   Vor diesem Hintergrund wurde ein Projekt ins Leben gerufen, um das bis anhin bestehende Policy Management Modell auf Gaps zu analysieren und umzugestalten, um damit die entsprechenden Risiken besser zu kontrollieren und abzusichern.

---

[13] Unter GxP sind hier zusammengefasst alle Richtlinien und Regelungen für eine gute Arbeitspraxis in der Pharmazeutischen Industrie gemeint, die nachweisbares Qualitätsmanagement sicherstellen.

H. Das Enterprise Policy Management Projekt

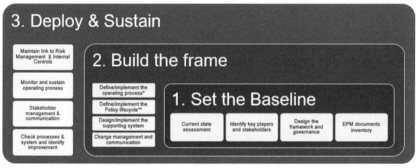

Abb. 34: EPM High Level Project Plan

Eine erste Bestandsaufnahme ergab, dass es kein firmenübergreifendes Verzeichnis der Richtliniendokumente gab, sondern jede Abteilung und jede Länderorganisation ihre eigenen Ablagen und Verzeichnisse führte. Es gab tausende von Richtliniendokumenten auf allen Ebenen der Organisation, manche redundant oder veraltet mit inkonsistenten, schwer zu verstehenden Inhalten, die sich zum Teil sogar widersprachen.

Nach der gründlichen Analyse wurden die entsprechenden Maßnahmen zur schrittweisen Implementierung des integrierten EPM Framework getroffen. Nachdem alle benötigten Gremien und Governance Komponenten installiert waren, wurde durch konsequente Vereinfachung und Standardisierung von Prozessen, klaren Definitionen und dem Einsatz der richtigen Systeme das Policy Management Framework auf den Weg gebracht.

Im nächsten Schritt musste der gesamte vorhandene Dokumentenbestand erhoben und analysiert sowie bereinigt werden. Hierzu wurde mithilfe von Algorithmen anhand von Schlüsselwörtern und bestimmten Kriterien die gesamte Novartis Systemlandschaft durchsucht und alle relevanten Dokumente Funktion für Funktion analysiert und bereinigt. Dokumente, die in den Scope von EPM fielen, wurden auf Relevanz und Aktualität überprüft und and die neuen Kriterien und Formate angepasst und in das Dokumenten Management System transferiert. Irrelevante, redundante und veraltete Dokumente wurden aussortiert und gelöscht. Im Rahmen der Arbeiten wurden bislang (Ende 2021) über 3000 Dokumente im Detail analysiert, mit dem Ziel, diese Arbeiten bis Mitte 2022 abzuschließen.

144

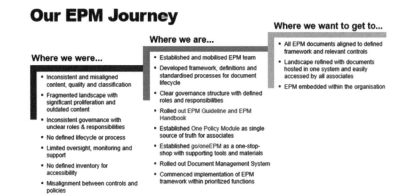

Abb. 35: The Enterprise Policy Management Journey

I. Praxistipp: Einbeziehung von Stakeholdern in das EPM Projekt

145 Ein wichtiger Erfolgsfaktor eines EPM Projektes ist die rechtzeitige Involvierung aller Interessensgruppen oder Stakeholder. Hierbei lassen sich zwei wesentliche Gruppierungen ausmachen.

Die Verantwortlichen für Policies und Richtlinien in den Abteilungen und Funktionen auf der einen Seite und auf der anderen Seite das Executive Committee mit ihren Leadership Teams.

Die Unterstützung und der Buy-In der Senior Leaders ist gerade zu Beginn des Projektes von fundamentaler Bedeutung. Ein Projekt wie Policy Management ist verhältnismäßig klein, wenn man den Aufwand und die benötigten Ressourcen betrachtet, der Impact jedoch, den eine proaktive solide Governance der Policies und Richtlinien und transparente und klare Prozesse rund um deren Verwaltung haben kann ist signifikant. Das Policy Management Framework ist ein solider Baustein, um eine gute Unternehmensführung zu demonstrieren, Risiken zu minimieren und die Haftung für Unternehmen und/oder dessen Mitarbeiter zu mindern.

Die Verantwortlichen für Policies und Richtlinien in den Abteilungen wurden frühzeitig eingebunden, um die Definitionen an die Anforderungen anzugleichen und die Prozesse auf ihre Alltagstauglichkeit zu prüfen und entsprechend anzupassen. Es wurden Key Stakeholders in Abteilungen mit besonders vielen Policies und Richtlinien oder einem relativ hohen Business Risiko identifiziert und in einer Interessengruppe zusammengeführt. Diese Interessengruppe stellte auch die 'early adopters' für das Framework, ihre Dokumente wurden als erstes analysiert, aufgeräumt und an die neuen Definitionen und Prozesse angepasst.

Die Mitglieder der Interessengruppe sind wichtige Lobbyisten und Influencer für das EPM Framework. Ihre Zahl ist beständig gewachsen und ist nach wie vor ein wichtiger Stakeholder für das Policy Framework.

J. EPM im täglichen Geschäftsablauf

Nach der Implementierung muss sichergestellt werden, dass das EPM Framework reibungslos in den täglichen Geschäftsablauf integriert ist und nachhaltig betrieben werden kann. Das Betriebsmodell (Operating Modell) beinhaltet die Governance, den Support der Prozesse des Dokumenten Lifecycle ebenso wie den Betrieb des Dokumentenmanagementsystems. Die notwendigen Ressourcen hierzu müssen zur Verfügung stehen und sichergestellt sein. Ebenso sollten Anwendbarkeit und Nutzen für die Organisation kontinuierlich überprüft werden.

Grundsätzlich lassen sich die Aktivitäten in einem EPM Operating Modell in zwei Bereiche einteilen, zum einen Governance und Strategie und zum anderen alle Tätigkeiten rund um den Support der operationellen Tätigkeiten im Dokumenten Lifecycle.

I. Governance und Strategie

Die einmal definierten und implementierten Gremien, Definitionen und Prozesse werden vom EPM Team koordiniert und regelmässig auf Aktualität und Anwendbarkeit überprüft.

Durch sich ändernde interne oder externe Rahmenbedingungen können Anpassungen erforderlich sein. Interne Faktoren sind beispielsweise Änderungen in der Organisationsstruktur, neue oder wegfallende Fachbereiche, Re-organisationen aber auch systemtechnisch bedingte Änderungen.

Aus externer Sicht können geänderte oder neue Anforderungen von Seiten der Gesetzgebung oder relevanter Gremien wie zum Beispiel Industrieverbänden oder Verbraucherinteressensgruppen die Rahmenbedingungen verändern.

Die oben erwähnten Faktoren können Anpassungen in folgenden Bereichen erforderlich machen:
– Zusammensetzung der Genehmigungsgremien
– Geltungsbereich des EPM Frameworks
– Definitionen von Dokumenttypen
– Prozesse und Bewilligungsprozedere
– Formate bzw. Templates der Policy Dokumente
– Inhalt und Geltungsbereich von bestimmten Policy Dokumenten
– Dokumentenmanagement und Ablage

1. Compliance und Monitoring

Nach der erfolgreichen Implementierung muss nachhaltige Compliance mit den definierten Prozessen sichergestellt werden, wobei das EPM Team die Einhaltung der Prozesse mit festgelegten Kontrollen regelmässig überprüft. Dies kann durch Stichproben oder die systemgesteuerte Durchsuchung vorhandener Systeme nach relevanten Dokumenten ausserhalb des Frameworks erfolgen.

2. Kommunikation und Change-Management

Regelmässige Information der Organisation bezüglich neuer, geänderter oder ausser Dienst gestellter Policies sollte durch das EPM Team erfolgen. Damit wird das Policy Management Framework in der Organisation etabliert und der Bekanntheitsgrad erhöht, welches wiederum die die Compliance positiv beeinflusst.

Ein Faktor, der hier nicht ausser Acht gelassen werden sollte, ist die kontinuierliche Entwicklung bezüglich Digitalisierung und Nutzung von Systemen, welche die Art und Weise, wie Policies geschrieben, präsentiert und verstanden werden in hohem Masse beeinflusst. Die klassische Erscheinung eines Policy Dokumentes in Textform sollte zum Beispiel durch interaktive Applikationen, die einfach via Smartphone oder Tablet zu finden sind, unterstützt werden. Die regelmässige strategische Überprüfung des Frameworks, unterstützt durch das entsprechende Change-Management, sollte diese Fragen berücksichtigen.

II. Operationeller Betrieb

155 Die operationellen Tätigkeiten im Framework sollten darauf ausgerichtet sein, dass die Organisation zu jeder Zeit auf die richtigen, aktuellen und relevanten Policy Dokumente Zugriff hat

156 Im Laufe des Lebenszyklus eines Dokumentes sind in erster Linie die Bereiche Erstellung, Genehmigung, Implementierung eines Dokumentes zu unterstützen und zu optimieren. Zur Unterstützung werden die entsprechenden Ressourcen benötigt, die entweder im EPM Team oder in einer Serviceorganisation zur Verfügung stehen müssen.

1. Erstellung

157 Zuerst muss entschieden werden, um welchen Dokumenttyp es sich handelt; basierend darauf wird er Inhalt erstellt. Hierzu bieten sich eine Reihe von unterstützenden Maßnahmen an. Zusätzlich zu Templates können vorgefertigte Textbausteine helfen. In grösseren Organisationen haben sich Teams, die professionelle Unterstützung beim Verfassen von Dokumenten wie zum Beispiel Verträgen oder Angeboten bieten, bewährt. Diese können auch wertvolle Unterstützung beim Schreiben von Policies bieten. Auf dem Markt gibt es mittlerweile auch eine Reihe von sog. Document Authoring Tools, die strukturierte Texte erstellen können, und jeweils auf die Bedürfnisse der betreffenden Organisation zugeschnitten sind.

158 In multinationalen Konzernen ist es essenziell, dass die Dokumente übersetzt werden. Die EPM Organisation sollte auch hier entsprechende Unterstützung bieten. Es können zB externe Anbieter, die die Übersetzungen erstellen, vorausgewählt werden. Daneben gibt es auch hier inzwischen systembasierte Übersetzungstools, die lernfähig sind und unterstützt durch künstliche Intelligenz recht gute und kostengünstige Lösungen anbieten. Alle zentral übersetzten Policy Dokumente sollten jedoch immer noch einmal von Experten gegengecheckt werden, diese Experten findet man in der Regel in der Rechtsabteilung in den lokalen Organisationen.

2. Genehmigung

159 Das Genehmigungsprozess wird vom EPM Team begleitet, die einzelnen Gremien, die Autoren und der Feedbackaustausch werden koordiniert. Dies kann sich sehr zeitaufwendig gestalten, auch hier können automatische Workflow Systeme, die zum Teil in die Dokumentenmanagement Systeme integriert sind, gute Dienste leisten.

3. Implementierung

160 Die Zurverfügungstellung und das weitere Monitoring des genehmigten Dokumentes erfolgen im zentralen Dokument Management System. Die Verwaltung des Systems mit Zugriffsrechten und Dokument Monitoring sollte durch entsprechende Fachleute übernommen werden. Je nach System können hier wichtige Überwachungsfunktionen bzw. Kontrollen automatisch generiert werden.

161 Der wichtigste Teil der Implementierung ist die Bekanntmachung des neuen Dokumentes in der Organisation. Kommunikation und Training sollten auf die Bedürfnisse der

Organisation und die Zielgruppe zugeschnitten werden. Hier kann das EPM Team mit seiner Erfahrung die Dokumenteneigentümer unterstützen. Die Erstellung von Trainings ist aufwendig und sollte wann immer möglich, mit Unterstützung von entsprechenden Fachleuten übernommen werden.

Für alle notwendigen operationellen Tätigkeiten sollte man prüfen, ob und in welchem Umfang diese in einem Paket zusammengefasst als Service definiert werden können. Es bietet sich an, diese, unterstützt durch entsprechende Tools, von einem entsprechenden Service Anbieter zu beziehen.

K. Fazit

Ein erfolgreiches und nachhaltiges Policy Management System erfordert die volle Unterstützung der Unternehmensleitung, eine sorgfältige Implementierung, bei der von Anfang an alle Stakeholder mit einbezogen werden und ein solides Modell für den Betrieb nach Implementierung.

Während der Implementierung eines Policy Management Frameworks kann es immer wieder zu Ereignissen kommen, die Korrekturen und Nachbesserungen nach sich ziehen. Diese kommen teils durch das Feedback von wichtigen Stakeholdern, aber auch während der normalen Arbeitsabläufe zu Tage. Prozesse sind nicht stimmig oder zu zeitaufwändig, Definitionen passen nicht in die tatsächlichen Geschäftsabläufe oder kollidieren mit existierenden anderen Nomenklaturen, Mitarbeiter sind nicht informiert und arbeiten ihre gewohnten Anläufe ab. Benötigte Ressourcen stehen nicht zur Verfügung oder geplante Prozesse nehmen mehr Zeit in Anspruch als geplant. Existierende, redundante Dokumente werden nicht zeitnah identifiziert und eliminiert. All diese Ereignisse führen zu Verzögerungen im Projekt, Frustration bei den Anwendern und Mehrkosten.

Viele dieser Störfaktoren könnten frühzeitig erkannt beziehungsweise verhindert werden, wenn man alle Stakeholder rechtzeitig identifiziert, involviert und vom Nutzen des Projektes überzeugt. Eine grobe Bestandsaufnahme am Anfang des Projektes, die schlicht die Anzahl der relevanten Dokumente aufsummiert, hat sich hier als hilfreicher Türöffner erwiesen. Nichtsdestotrotz sollte man genug Zeit für Feedback und das Lernen aus Erfahrungen einplanen und auf Nachbesserungen während der Implementierung vorbereitet sein.

Zusammenfassend kann man sagen, dass die erfolgreiche Implementierung eines nachhaltigen Policy Management Framework ganz entschieden von den folgenden Faktoren abhängt:
- Die Unternehmensleitung muss das Projekt vollumfänglich unterstützen.
- Alle Prozesse und Definitionen müssen bedarfsgerecht und in der Praxis einfach anwendbar sein.
- Das interne Kontrollsystem und Risikomanagement sollten von Anfang eingebunden sein.
- Die relevanten Dokumenteneigentümer sind wichtige Stakeholder und müssen das neue Framework akzeptieren.
- Die Adressaten werden durch benutzerfreundliche Gestaltung von Dokumenten und klaren Inhalten erreicht.
- Die einfache Auffindbarkeit, Monitoring und Kontrolle der Dokumente werden durch die Unterstützung eines integrierten Systems signifikant erleichtert.
- Ein klares und durch Ressourcen entsprechend unterstütztes Modell für den Betrieb des Frameworks gewährleistet den unterbrechungsfreien und nachhaltigen Betrieb des Frameworks.
- Das Framework wird regelmässig auf Aktualität, Anwendbarkeit und Nutzen für die Organisation überprüft.

So wird gewährleistet, dass alle Stakeholder mitziehen und man auf ein nachhaltiges, umfassendes und effektives Policy Management bauen kann.

§ 4 Internes Kontrollsystem

A. Historie und Generelles

I. Projekt „In Control"

Schon im Jahr 2003 initiierte Novartis ein globales Projekt „In Control" unter der Leitung von Group Finance, Group Financial Reporting and Accounting (Group FRA). Dieses Projekt erlaubte es Novartis anfangs 2005 als eine der ersten multinationalen Firmen für das Geschäftsjahr 2004 eine erste erfolgreiche Berichterstattung („Attestierung") betreffend ICFR zu erlangen. Es folgten weitere erfolgreiche Jahre des ICFR Reportings ohne Einschränkung, dh ohne „material weakness", jeweils bestätigt durch die Revisionsstelle. Als anerkannte Referenzmodele benannte Novartis COSO (Committee of Sponsoring Organizations of the Treadway Commission), bzw. COBIT (Control Objectives for Information and Related Technologies).

Von Beginn an wählte Novartis einen auf standardisierten Kontrollen beruhenden Ansatz, dh die anzuwendenden Kontrollen wurden zentral definiert; wo nötig, wurde die Kontrollaktivität auf relativ grobem Niveau definiert, damit diese Kontrollen auch für lokal abweichende Prozesse entsprechend interpretiert werden konnten. Im Laufe der Jahre wurden die relevanten Prozesse weiter standardisiert oder harmonisiert, und in diesem Zuge wurden auch die Kontrollen entsprechend verfeinert und konkretisiert.

Bereits nach der zweiten erfolgreichen ICFR Attestierung erweiterte Novartis den Umfang der involvierten Tochtergesellschaften trotz erheblichem Implementierungsaufwand und ohne dedizierte regulatorische Anforderung auf nahezu 100% aller operativen Tochtergesellschaften (vs. der damals üblichen Abdeckung von ca. 70–80% des Jahresumsatzes). Dafür wurde ein „Tiering" Konzept etabliert, welches die Tochtergesellschaften entsprechend klassifiziert. Für kleine und sehr kleine Tochtergesellschaften wurde eine entsprechend geringe, vorselektionierte Anzahl an Kontrollen, basierend auf einem standardisierten kommerziellen Geschäftsmodell ohne lokale Produktion, vorgegeben.

Nach erfolgreichem Abschluss von „In Control" im Januar 2006 (mit ICFR Attestierung im Jahresbericht von 2005) wurde das Projektteam in eine operationelle Organisation (Corporate Financial Compliance, CFC, als Teil von GROUP Finance, Group FRA überführt und das Regelwerk unter dem Namen „Novartis Financial Controls Manual", kurz NFCM, intern publiziert und als globaler Standard deklariert. Von Anbeginn dieses Projekts war die Interne Revision Teil sowohl des Projektteams als auch des später etablierten NFCM Governance Boards, um weitgehende Abstimmung zu erreichen. Konkret wurde das interne Auditprogramm in weiten Teilen durch die Kontrollen des NFCM ersetzt. Dies erhöhte die Transparenz und schuf Klarheit betreffend der Kontrollanforderungen. Mit steigender Maturität der NFCM Kontrollen und auch, weil die stärker risikobehafteten Kontrollen zusätzlich vom externen Prüfer getestet wurden, konnte die Anzahl der rein Finanz-bezogenen internen Audits zugunsten anderer Prozesse erheblich reduziert werden.

NFCM deckt derzeit (2022) die folgenden Prozesse ab:
- Process Level Controls (Prozess übergreifende Kontrollen, zB Zugriffskontrollen)
- Global Master Data
- Record to Report (Intercompany Accounting, Asset und General Ledger Management und Revenue recognition, Revenue deduction provisions)
- Procure to Pay (Supplier Master Data Management bis transactional Procurement und Accounts Payable)

- Order to Cash/Revenue und Receivables (Master data, Contract, Credit Risk, Order und Delivery Management, Billing, Collection Management, Deductions und Credit Memo und Cash Application)
- Product Cost Accounting (Material Master Data und Product Costing)
- Production and Inventory (including external Warehousing)
- Payroll (including Disbursement)
- Human Resources Controls (including Talent Acquisition, Staffing, Rewards, Employee Relations)
- Travel and Expense Management
- Treasury Cash Management (Inhouse Bank, Currency and Liquidity Forecasting, Valuation)
- Tax (Direct and Indirect Tax, Transfer Pricing)

6   Nebst den finanznahen Prozessen wurden zusätzlich ca. 15 sog. Company Level Controls (CLCs) mit dem Ziel ausgerollt, die Anforderungen der COSO relevanten Bereiche wie Control Environment, Monitoring, Kommunikation, etc., sowie die sog. COSO Principles abzudecken.

7   Beispiele sind:
- Globaler Verhaltenskodex für Mitarbeiter und Führungskräfte (Code of Ethics), welcher Unternehmensgrundsätze für ethisch korrektes Verhalten propagiert
- Richtlinien zur Anstellung und Fortbildung von Mitarbeitenden
- Richtlinie zu Interessenskonflikten
- Whistleblowing-Hotline: ein Verfahren, das Mitarbeitenden oder auch Dritten die Möglichkeit zur (anonymen) Anzeige von ethischem Fehlverhalten oder nicht-konformem Handeln gibt, ohne persönlich negative Konsequenzen befürchten zu müssen. Bei Novartis „Speak up Office" genannt
- Programme zur Betrugsprävention
- Monitoring durch das Management und die Interne Revision

II. Risikomanagement und interne Kontrollen

8   Die Effektivität eines internen Kontrollsystems wird im Wesentlichen durch alle Führungskräfte und deren Mitarbeitende über alle Hierarchiestufen hinweg bestimmt. Interne Kontrollverfahren sind dann am erfolgreichsten, wenn sie zum Bestandteil der Unternehmenskultur geworden sind. Kontrollen sollen sich in die bestehenden Prozesse einfügen. Dabei kann eine angemessene, nicht aber absolute Sicherheit erwartet werden.

9   Kontrollen sind konkrete Aktivitäten, die dazu dienen, entweder vorbeugend oder im Nachhinein Abweichungen von einem zuvor definierten Kontrollziel zu identifizieren. Das Kontrollziel wird von einem oder mehreren (operationellen) Risiken abgeleitet, welche eliminiert oder reduziert werden sollen.

10 Beispiele:

Risiken	Mögliche Kontrollen
Mehrfache Bezahlung Gehalt Mitarbeiter	Überprüfung des Mitarbeiterstammes und Zahlungen, Vergleich Vormonat
Unvorteilhafte Vertragsverpflichtung gegenüber Dritten	Genehmigungsrichtlinien
Reputationsschaden, Gesetzesbruch, Strafzahlung	Anti-Korruptions-Richtlinie, Monitoring Zahlungsflüsse

A. Historie und Generelles § 4

Entscheidend, ob ein konkretes Risiko reduziert werden soll, sind die Diskussion und Entscheidung der jeweils Verantwortlichen bezüglich des sog. Risikoappetits, unter Beachtung der zwei Komponenten Eintrittswahrscheinlichkeit und Schadensausmaß sowie des bestehenden Umfelds (Restrisiko, gesetzliche Anforderungen, etc.). Dies insbesondere, weil mit jeder Kontrolle Kosten verbunden sind, zum einen durch die Ausführung der Kontrolle selbst, zum anderen aber auch durch den Aufwand für Schulung, Administration der Kontrolle, Reporting usw.

11

Für die Risikobetrachtung ist also eine gesamtheitliche Sichtweise nötig:
– Wie ist der Prozess strukturiert (end-to-end)?
– Wer ist im Prozess involviert?
– Kann das Risiko auch durch andere, ggf. effizientere Maßnahmen ausreichend reduziert werden? Gibt es Möglichkeiten zur Automatisierung?
– Inwieweit kann eine potenzielle Kontrolle das Risiko realistischerweise reduzieren? (keine Alibi-Kontrollen)
– Ist eine präventive oder detektive Kontrolle am effizientesten?

12

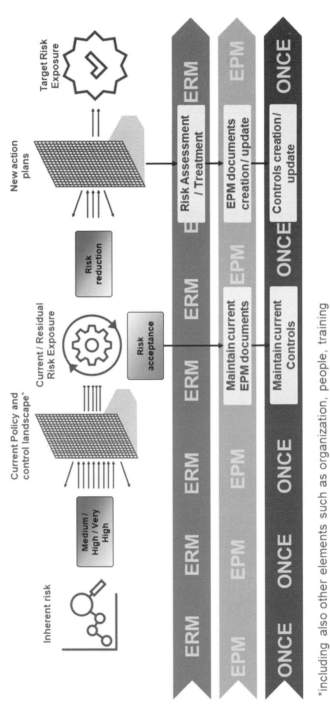

Abb. 36: Zusammenspiel Enterprise Risk Management (ERM) – Enterprise Policy Management (EPM) und Internal Controls (Programm ONCE)

Für die Methode der Risikokategorisierung und -einstufung wird auf das Kapitel ERM verwiesen. Es ist aber zu beachten, daß in jenem Kapitel die Definition von Risiko idR operationeller Natur ist. Auch hier ist eine enge Abstimmung mit dem verantwortlichen Management wichtig.

Je nach Risiko wird zwischen „einfachen" Controls und sog. Key Controls unterschieden (vgl. Kapitel „Kategorien von Kontrollen"). Während die erstgenannten Kontrollen zu Risiken mit mittlerem Risikoprofil gelinkt werden, sind Key Controls Aktivitäten, die größere Risiken ausreichend reduzieren sollen. Dem wird Rechnung getragen, indem für Key Controls nebst der gemeinsamen Anforderung eines Self-Assessments zusätzliches Testing gefordert ist (vgl. Kapitel „Kontrolltesting"). Diese Unterscheidung dient darüber hinaus dem Ziel, das Reporting der Kontrollen risikogerecht darzustellen.

III. Policymanagement und interne Kontrollen

Auch das Management von Policies ist, wie in Abb. 36 dargestellt und im Kapitel EPM beschrieben, bei Novartis eng mit internen Kontrollen verlinkt. Jede unternehmensweite Policy, Guideline oder jeder Standard muss zwingend mit mind. einer Global Governance Control (GGC, vgl. Kapitel „Kategorien von Kontrollen") verlinkt werden, die sicherstellt, dass das Dokument regelmässig auf Aktualität und Relevanz überprüft wird.

Umgekehrt soll auch jede Kontrolle mindestens einen Bezug zu einem globalen EPM Dokument aufweisen, welches im Control Register ersichtlich ist.

Eine regelmäßige Abstimmung und Zusammenarbeit mit den og Teams ist äußerst sinnvoll um Konsistenz und Einheitlichkeit zu gewährleisten.

IV. Projektanstoß für einen ganzheitlichen Ansatz für interne Kontrollen

Einzelne Funktionen (wie Finanz) konnten bereits vor dem Jahr 2020 Regelwerke für interne Kontrollen etablieren. Dennoch wurde aus einer Gesamtsicht Verbesserungspotential offensichtlich:
– Mehr Transparenz (wer hat welche Kontrollen und wofür, Vermeidung von Überlappungen)
– Einheitliche Rollen und Überwachungsorgane (zB Definition und Aufgaben eines Control Owners, Governance, Monitoring lokal oder global, usw.)
– Abstimmung betreffend Design und Anforderungen an Kontrollen
– Ganzheitliches Reporting
– Nachhaltige Behebung von identifizierten Kontrollmängel
– Zentraler Datenpool, funktionsübergreifende Datenanalysen

Zur Verbesserung dieser Punkte wurde das nachfolgende Programm initiiert:

B. ONCE (One Novartis Control Environment)

Anfang 2020 wurde innerhalb des Bereichs Ethik, Risiko und Compliance die Abteilung Risk and Internal Control (RIC) als Teil von Risk & Resilience geschaffen. Dieses Team rief das Programm ONCE (One Novartis Control Environment) mit der folgenden Vision ins Leben:

> Interne Kontrollen werden neu konzipiert, um relevante Risiken besser zu verstehen, abzumildern und die Entscheidungsfindung zu verbessern. Dazu wird eine gemeinsame

Methode etabliert und eine einheitliche digitale Lösung für alle Funktionen im Geltungsbereich zur Verfügung gestellt.

23

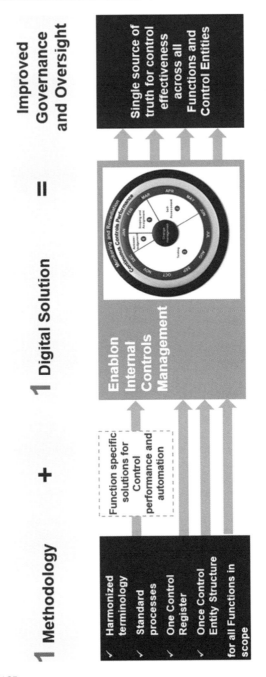

Abb. 37: Vision ONCE

B. ONCE (One Novartis Control Environment) § 4

Folgende Ziele wurden für das Programm ONCE konkretisiert: 24
- Erstellung eines harmonisierten Regelwerks mit einheitlichen Definitionen, Rollen und Hierarchien.
- Die Methode soll der Standard für ganz Novartis sein (global und funktionsübergreifend).
- Einheitliche Messgrössen für Kontrollen.
- Schaffung von Transparenz.
- Prozesse, Daten und Automatisierung werden genutzt, um die Effizienz zu steigern.

Ausdrücklich wird hier auf eine umfassende, unternehmensweite Definition von Kon- 25 trollsystem verwiesen, die über die herkömmliche, finanzbezogene Sichtweise hinaus geht. Es bestand von Beginn an Konsens, dass das Programm über mehrere Jahre ausgerollt werden würde.

Basierend auf einer groben Ist-Aufnahme und Risikoanalyse (vgl. Risk Universum im 26 ERM Kapitel) wurde der Fokus im 1. Jahr auf folgende Funktionen gelegt:
- Finanzen mit NFCM (Novartis Financial Controls Manual)
- IT/ ISRM (Information Security and Risk Management)*
- ERC (Ethik, Risiko und Compliance)
- BCM/NEM (Business Continuity Management und Novartis Emergency Management)
- Data Privacy
- TPRM (Third Party Risk Management)

Weitere Funktionen wurden fortlaufend in den Geltungsbereich von ONCE aufge- 27 nommen. Bis heute (2022) sind ca. 20 Funktionen in das Programm integriert.

*IT/ISRM bezogene Kontrollen wurden bereits vor Beginn des Programmes ONCE in einem 28 eigenen Regelwerk, „Information Management Framework" (IMF) definiert und ausgerollt. IMF beinhaltet nebst den ICFR relevanten Kontrollen auch Compliance-Anforderungen aus anderen Bereichen, zB Qualitätssicherung, Datenschutz, etc. Da die Kontrollen in diesem Bereich sehr spezifisch sind und sie nebst den herkömmlichen Attributen noch weitere Attribute benötigen, wurde vereinbart, a) IMF weiterzuverwenden, die Methodik aber weitgehend zu harmonisieren, und b) für die Key Kontrollen der wesentlichen Applikationen eine Schnittstelle zur Verfügung zu stellen, damit ein funktionsübergreifendes Reporting gewährleistet werden kann. Weiter wurde vereinbart, dass auch ISRM bezogene Kontrollen im zentralen Kontrollregister geführt werden, um Transparenz zu schaffen.

29

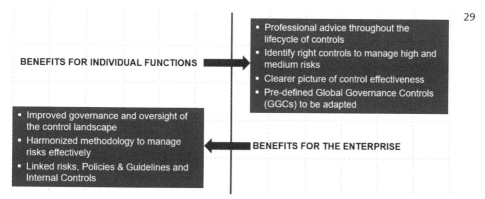

Abb. 38: Angestrebte Vorteile von ONCE für Funktionen und Gesamtunternehmen

I. Das ONCE Governance Modell

30 Der Steuerungsausschuss für das Programm ONCE besteht aus den folgenden Mitgliedern:
- Chief Ethics, Risk and Compliance Officer – Vorsitz und Sponsor
- Chief Finance Officer – Sponsor
- Global Head Novartis Business Assurance & Advisory
- Chief Technology and Transformation Officer
- Head Group Financial Reporting & Accounting
- Global Head Risk & Resilience

Program Lead: Head Risk & Internal Control (RIC)

31 In einer ersten Phase wurde eine ONCE Guideline und ein entsprechendes Handbuch erstellt. Während die Guideline die Prinzipien, Rollen und Zuständigkeiten grob beschreibt, fokussiert das Handbuch auf die Methode im Detail. Noch im ersten Jahr wurden beide Dokumente auf dem Intranet firmenweit zugänglich publiziert.

32 Parallel dazu wurde unter Einbezug und in Abstimmung mit den relevanten Funktionen (zB Interne Revision, EPM, ua) ein funktionsübergreifendes Glossar erstellt, um die Terminologie zu standardisieren:

B. ONCE (One Novartis Control Environment) § 4

Glossary ⭐

○ Term ⌄	Definition ⌄	Related docu... ⌄	‖ Owner ⌄
	The impact of disclosure corresponds with a Medium impact level as defined in the Novartis Enterprise Risk Management Guideline.		ISRM (Information Security and Risk Management)
Confidentiality Classification – Strictly Confidential	Strictly Confidential Business Information is extremely sensitive information, that if disclosed to unauthorized individuals would cause severe and serious harm to the Novartis Group of companies. Harm could include financial losses, damage to the Novartis brand and reputation, or legal actions or prosecutions against the Novartis Group of companies. The severe impact of disclosure corresponds with a High impact level as defined in the Novartis Enterprise Risk Management Guideline.	Information Management Framework	
Confined Space	An enclosed or partially enclosed space for which all of the following conditions apply: - has limited means of entry (ability to get into) and/or exit (ability to get out of it), - is large enough for a person to fully enter and perform work, - is not intended for regular/continuous occupancy, and - has the potential for significant hazards to be present.	HSE Management System	HSE (Health Safety and Environment)
Consent	Any freely given, specific, revocable and informed indication of the person's agreement to the processing of his/her Personal Information.	Privacy Glossary	DP (Data Privacy)

Abb. 39: Glossar

34 Für jede Funktion, die in den Geltungsbereich von ONCE aufgenommen werden soll, wird ein „Deployment Workstream" definiert, welcher aus einem designierten Projektleiter aus dem Team RIC (Risk & Internal Control) und einem Workstream-Lead aus der entsprechenden Funktion besteht. Zusammen führen sie das Projekt („Tandem"). Jedes Projekt besteht aus verschiedenen Elementen, welche als Meilensteine im Reporting des Gesamtprogrammes dargestellt werden.

35 Meilensteine sind:
– Onboarding Funktion (Workstream Lead definiert, Anforderungen besprochen, etc)
– Methodologie adaptiert
– Control Entities definiert, inklusive aller Attribute
– Global Governance Controls (GGCs) implementiert
– Funktionsbezogene Kontrollen definiert
– Kontrollregister aktualisiert
– Control Entities geschult
– ONCE IT Lösung implementiert
– ONCE Zyklus operationell

36 Da jede Funktion eine mehr oder weniger unterschiedliche Ausgangslage hat, gestalten sich die Projekte je Funktion unterschiedlich, sowohl im zeitlichen Ablauf als auch in der Adaption der ONCE Prinzipien. Während Funktionen ohne dedizierte Vorgeschichte, resp. bestehende Methode, idR ohne Verzögerung ONCE implementieren, sind für Funktionen wie Finanz detaillierte Planung und Abstimmungen nötig. Für diese Funktionen gilt es, den Änderungsaufwand so gering wie möglich zu halten, gleichzeitig aber das Ziel einer funktionsübergreifenden Harmonisierung nicht aus den Augen zu verlieren. Für diese Projekte ist mit einer längeren Adaptionszeit und anspruchsvollerem Projektmanagement zu rechnen.

37 Für die operative Führung des Programmes wurde ein „Project Governance Meeting" etabliert, welches sich zweimal pro Woche während je 1.5 Stunden abstimmt. Jeder Projektleiter ist aufgerufen, alle Fragen, Ideen und Erfahrungen in diesem Meeting zu teilen, um größtmögliche Abstimmung bezüglich der Methodik zu erreichen und außerdem Lerneffekte innerhalb des Teams zu ermöglichen. Die Agenda ist deshalb bewusst offen und kann von jedem Teammitglied ergänzt werden. Je nach Bedarf werden auch Gäste für einzelne Themen eingeladen.

B. ONCE (One Novartis Control Environment) § 4

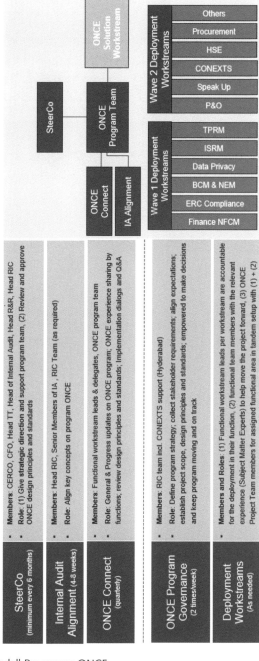

Abb. 40: Governance Modell Programm ONCE

Für die ONCE IT Solution (Applikation) wurde ein eigener Workstream erstellt, der durch folgende Gremien geleitet wird:

§ 4 Internes Kontrollsystem

Abb. 41: Governance Modell Programm ONCE Solution

40   Eine Besonderheit stellt die Beziehung zu Finanzen dar, da einige Kontrollen für die Sicherstellung der SOX404 Anforderungen relevant sind, nicht aber unter Eigentümerschaft von Finanz fallen. Beispiel: Das Sarbanes-Oxley-Gesetz verlangt ua das Vorhandensein einer Meldestelle für Missstände im Unternehmen und den Schutz des Informanten. Diese Funktion („Speak up Office") ist bei Novartis Teil der ERC Funktion. Folgerichtig

wird die entsprechende Kontrolle von der Funktion Speak up Office definiert, unterhalten und überwacht. Damit die Finanzfunktion ein vollständiges ICFR/SOX404 Reporting gewährleisten kann, müssen SOX relevante Kontrollen, welche außerhalb von Finance unterhalten werden, mit ihren aktuellen Ratings regelmäßig vom Workstream Lead an Finanz gemeldet werden. Dieses Melden erfolgt idR durch Teilnahme am NFCM Governance Board (NFCM GB). Das NFCM GB findet ca. 8–10 mal pro Jahr statt, mit zunehmender Kadenz im 2. Halbjahr. (Anm. Novartis Geschäftsjahr = Kalenderjahr)

Zusätzlich muss das Kontrolldesign in diesen Fällen mit Finanz abgestimmt werden, damit auch alle aus Finanzsicht relevanten Anforderungen abgedeckt werden. Zur Verdeutlichung der Beziehungen wurde folgende Matrix Organisation sinnbildlich kreiert:

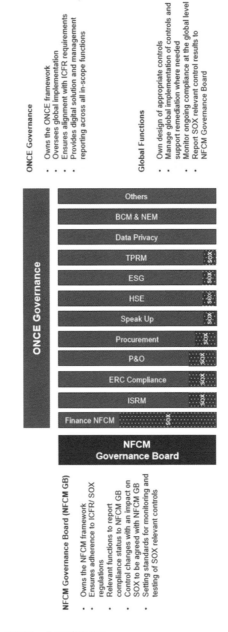

Abb. 42: Beziehung Programm ONCE mit NFCM GB

II. Das ONCE Meta Prozess Modell

Das ONCE Meta Prozess Modell beschreibt die Beziehung zwischen Globaler Funktion und ihren Control Entities. Control Entities sind definiert als Einheiten, die Kontrollen ausführen. In der Regel sind dies Tochtergesellschaften oder auch Einheiten, die der Struktur der jeweiligen Funktion folgen, zB Länderorganisationen oder auch (funktionsspezifische) Cluster. Eine Novartis-weite einheitliche Struktur, bzw. Hierarchie für alle Funktionen ist derzeit aufgrund der unterschiedlichen Anforderungen und aus historischen Gründen nur bedingt möglich, wäre aber wünschenswert.

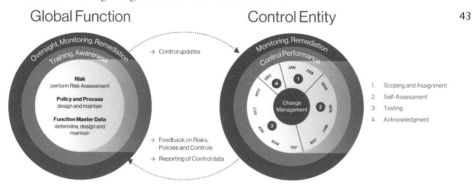

Abb. 43: ONCE Meta Prozess Modell

Das ONCE Meta Prozess Modell wurde in der ONCE Richtlinie und dem zugehörigen ONCE Handbuch ausführlich und vollständig beschrieben und über das Intranet intern publiziert.

Die globalen Funktionen

Der Begriff Globale Funktion wird mit Spielraum interpretiert. Es gibt nicht nur „große" gemeinhin bekannte Funktionen wie Finance oder Legal, sondern auch Teil-Funktionen mit sehr limitiertem Geltungsbereich, zB für ein definiertes Thema. Beispiele: Antitrust and Fair Competition (gehört zu Legal), Business Continuity Management (gehört zu ERC).

Deshalb wurde nebst dem Begriff Globale Funktion zusätzlich die „Domain" eingeführt. Unabhängig von der Größe einer Funktion gelten dieselben Prinzipien und Aufgaben:
- Das Kontrolldesign aller Kontrollen eines Prozesses wird kreiert und unterhalten von dem globalen Control Design Owner, welcher idR auch Eigentümer der entsprechenden Policy und des Prozesses ist
- Die Perspektive der Control Owners wird adäquat berücksichtigt (zB vorhandene Ressourcen, Ausbildung, Umfeld, Systeme)
- Der Kontrollaufwand rechtfertigt den Nutzen; keine Kontrollen für geringe Risiken
- Automatisierungsmöglichkeiten werden soweit wie möglich genutzt
- Präventive Kontrollen werden bevorzugt
- Jede relevante operationelle Kontrolle wird mindestens einmal pro Jahr überprüft und bewertet
- Berücksichtigung von Funktionstrennungen, Vieraugen-Prinzip (Segregation of Duties) und möglichen Interessenskonflikten
- Globale Funktionen sind sowohl First Line als auch Second Line of Defence. Sie sind selbst operationeller Control Owner bestimmter Kontrollen, zB von Global Governance Controls (vgl. Kapitel Kategorien von Kontrollen) als auch Steuerungs- und Überwachungsfunktion für operationelle Kontrollprozesse in den zugehörigen Tochtergesellschaften, bzw. Control Entities.

[47] **Relationship between Control Entity and Controls**

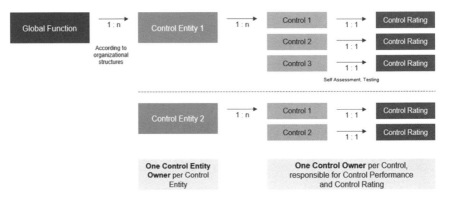

Abb. 44: Beziehung zwischen Globaler Funktion, Control Entities, Controls und deren Ratings

III. Rollen im ONCE Prozess

Es gibt unterschiedliche Rollen und Verantwortlichkeiten in der ONCE Methologie: 48

Tabelle 7: Rollen im ONCE Prozess

Rolle und Kurzdefinition	Verantwortlichkeiten
Globale Funktion Ist für das Compliance-Programm eines bestimmten Prozesses oder Bereiches verantwortlich. Diese Aufgaben werden in der Regel durch den Globalen Koordinator der Funktion wahrgenommen.	– Laufende Bewertung der mit der Funktion verbundenen Risiken, um eine rechtzeitige Identifizierung, Relevanz, Priorisierung und angemessene Reaktion in Übereinstimmung mit dem Enterprise Risk Management (ERM) Prozess sicherzustellen – Zuständigkeit für globale Policies, Richtlinien und Standards (und andere relevante Dokumente), sowie deren Einführung und Schulung – Verantwortlichkeit für die Struktur und das Design von Kontrollen (sowohl für globale Governance-Kontrollen als auch für funktionale Prozesskontrollen) – Konsultation und Abstimmung mit den beteiligten Stakeholders – Verantwortlich für die Implementierung der Global Governance-Kontrollen (GGC) der Funktion – Ernennung des Globalen Koordinators der Funktion (Global Function Coordinator) und Umsetzung des ONCE-Programmes – Definition der in den Geltungsbereich fallenden Kontrolleinheiten (Control Entities) – Sicherstellung der Einbindung der Kontrollen in die bestehenden Prozesse – Unterstützung der Kontrolleinheiten (Control Entities) bei der Umsetzung – Behebung von Mängeln im Kontrolldesign – Laufende Überwachung der Kontrollausführung (Monitoring) – Globale Übersicht und Überwachung der Self-Assessment Resultate und der Aktionspläne zur Behebung von Mängeln – Bestimmung der Kontrollattribute (zB Frequenz der Kontrollausführung) – Bereitstellung von Schulungen für die Kontrollverantwortlichen (Control Owner)
Globaler Koordinator der Funktion Ist Teil der Globalen Funktion und stellt die Umsetzung des ONCE-Programms sicher.	– Steuerung der Compliance-Aktivitäten der Globalen Funktion – Leitung des ONCE-Implementierungsprojekts zusammen mit dem Risk & Internal Control (RIC) Projektleiter – Durchführung der detaillierten Planung zur Erreichung von Meilensteinen und Sicherstellung der Kommunikation und des Stakeholder-Managements in der Funktion – Auswahl der Kontrolleinheiten – Sicherstellen, dass die zuständigen Mitarbeiter in der ONCE-Methode und dem ONCE-Tool geschult werden
Globaler Control Design Owner Ist Teil der Globalen Funktion und stellt zweckmäßiges Kontrolldesign für einen Prozess sicher.	– Überwachen, dass das Design der globalen Kontrollen inklusive aller Attribute das Risiko/die Risiken ausreichend mindert. Dazu holt er regelmäßig das Feedback der Control Owner und der Stakeholder ein. – Sicherstellen, dass die Kontrollen eines Prozesses aufeinander abgestimmt sind und größtmögliche Effizienz erreicht wird

Rolle und Kurzdefinition	Verantwortlichkeiten
Control Entity Owner Verantwortlich für den funktionalen Compliance Status der Control Entity	– Vorleben der unternehmensweiten Compliance Kultur – Zuweisung angemessener Ressourcen für das Etablieren und den Unterhalt der Kontrollen im Geltungsbereich – Einbettung der relevanten Kontrollen in die Geschäftsprozesse – Kontinuierliche Überwachung der Kontrolle(n) und Behebung von Kontrollmängeln gemäß vereinbartem Plan – Eskalation wesentlicher Verstöße gegen die Vorschriften an die globale Funktion
Koordinator der Control Entity Fungiert als zentrale Anlaufstelle für die ONCE-bezogenen Prozesse innerhalb und ausserhalb der Control Entity	– Festlegung gemeinsam mit funktionalen Experten der Control Entity, welche Kontrollen für die Control Entity relevant sind – Unterstützung bei der Zuweisung von Control Ownern und, falls erforderlich, Testern, einschließlich deren On- und Offboarding – Regelmäßige Bereitstellung von Status-Updates/Berichten für den Control Entity Owner Diese Rolle kann auch auf globaler Ebene definiert werden.
Control Owner Ist Eigentümer einer oder mehrerer dedizierter Kontrolle(n), führt diese idR selbst durch und ist für ihre laufende Wirksamkeit verantwortlich.	– Rückmeldung an den Global Control Design Owner, falls nötig (Unklarheiten, Verbesserungen) – Sicherstellen, dass die Kontrollen entsprechend dem aktuellen Design durchgeführt werden – Durchführung von Self-Assessments der zugewiesenen Kontrolle(n) – Fortlaufende Überwachung und Aktualisierung des Kontrollratings, wenn nötig – Sorgt für die Behebung festgestellter Mängel und überwacht den Prozess der Behebung bis zum Abschluss, sodass das Control Rating entsprechend aktualisiert werden kann. Kann kein dedizierter Kontrollverantwortlicher bestimmt werden, übernimmt ein Prozessverantwortlicher die Rolle und Verantwortung für die Durchführung und Überwachung der Kontrollen. Wenn mehrere Mitarbeiter eine Kontrolle in einer Control Entity durchführen, soll die ranghöchste Person die Rolle des Control Owners übernehmen.

Rolle und Kurzdefinition	Verantwortlichkeiten
Tester Führt unabhängige Tests durch, um Kontrollen auf deren Wirksamkeit zu bewerten.	– Führt die Tests aus und wendet dabei professionelle Skepsis an – Dokumentiert die Testergebnisse gem. Vorgaben – Hat keine Interessenskonflikte mit dem Control Owner – Berät den Control Owner ggf. hinsichtlich sinnvoller Verbesserungsmaßnahmen Der Tester benötigt ausreichendes Verständnis der Geschäftsprozesse, der damit verbundenen Risiken und der Kontrolltätigkeiten, um angemessene Schlussfolgerungen ziehen zu können.
Risk and Internal Control (RIC) Team-Owner des ONCE Programmes Second Line of Defense	– Führt das ONCE Programm auf globaler Ebene und überwacht dessen Einhaltung – Sorgt für laufende Aktualisierung des Rahmenwerks und entsprechende Kommunikation – Implementiert ONCE zusammen mit dem funktionalen Workstream Lead (idR Globaler Koordinator einer Funktion) – Überwacht plangemäße Ausführung der ONCE Phasen (vgl Kapitel „Der operative ONCE Prozess") – Erstellt Trainingsmodule in Zusammenarbeit mit den Funktionen – System Owner des IT Tools für ONCE – Erstellt konsolidiertes unternehmensweites Kontroll-Reporting – Berät Globale Funktionen in allen Belangen des Projektes und der fortlaufenden Pflege der funktionsspezifischen Kontrollen

Eine Person kann mehrere Rollen ausüben. Beispiel: Der Koordinator einer Control Entity kann auch Control Owner sein. Ein Control Owner hingegen kann nicht die Rolle des Testers der eigenen Kontrolle übernehmen.

Für die oben erwähnten Rollen (außer RIC) werden Trainingsmodule zur Verfügung gestellt, die die jeweilige Rolle und deren Verantwortlichkeiten im Detail beschreibt. Da diese Rollen selten mit Vollzeitstellen besetzt werden (dh „on top" bestehender Rollen), ist ein gutes Rollenverständnis und eine sorgfältige Schulung besonders wichtig. Die Qualität dieser Trainingsmodule wird deshalb vor dem Ausrollen durch vielfache Prüfung aus unterschiedlicher Perspektive gewährleistet. Dieses rollenbasierte Training ist zu unterscheiden von funktionsspezifischem Training, welches die individuellen Kontrollanforderungen (zB welche Evidenz ist gefordert) einer Funktion zum Thema hat.

C. Der operative ONCE Prozess

Jedes Kalender- resp. Geschäftsjahr wird in 4 Phasen unterteilt:
(I) Scoping and Assignment
(II) Self-Assessment
(III) Testing
(IV) Acknowledgement

I. Scoping and Assignment

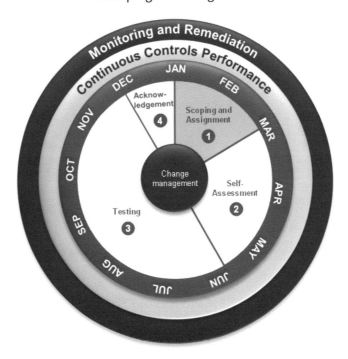

Abb. 45: Scoping and Assignment

In dieser Phase wird, falls die globale Funktion dies so vorgesehen hat, festgelegt oder überprüft, welche Kontrollen für die jeweilige Control Entity relevant sind („Scoping"). Die Kriterien für die Relevanz werden von der globalen Funktion festgelegt. Anmerkung: einzelne Funktionen möchten diese Funktionalität ihren Control Entities explizit nicht zur Verfügung stellen, weil sie alle Kontrollen auf globaler Stufe als relevant für jede Control Entity erachten. Weiter wird in dieser Phase für jede relevante Kontrolle bestimmt, welcher geeignete Mitarbeiter in der Control Entity die Funktion des Control Owners übernehmen soll („Assignment"). Im Zweifel wird die Rolle des Control Owners von dem jeweiligen Prozesseigner übernommen.

C. Der operative ONCE Prozess § 4

II. Das Self-Assessment

54

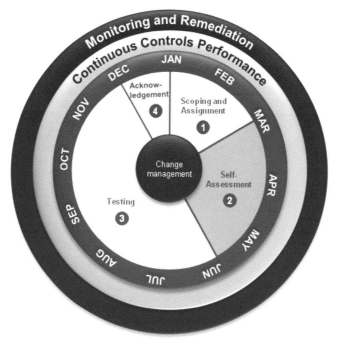

Abb. 46: Self-Assessment

Zentraler Prozess jeder Kontrolle ist das Self-Assessment des Control Owners mit der Bestimmung des Control Ratings, welches die Effektivität zum Ausdruck bringt.   55

Folgende Control Ratings sind möglich:

Tabelle 8: Control Ratings

< >	Kontrolle wurde noch nicht bewertet
<effective>	Kontrolle wird als effektiv bewertet, das Risiko ist ausreichend abgedeckt
<effective with minor deviation>	Kontrolle effektiv, aber mit Schwachstellen, die jedoch die Risikoabdeckung nicht wesentlich schmälern. Ein Plan zur Behebung der Mängel ist optional.
<ineffective>	Kontrolle nicht effektiv, Schwachstellen sind identifiziert, die das Risiko nicht ausreichend abdecken. Ein Plan zur Behebung der Mängel ist erforderlich.

Das Control Rating ist entscheidend für das adäquate Reporting des Compliance Status. Deshalb muss große Aufmerksamkeit darauf gelegt werden, dass das Rating von allen Beteiligten nach einheitlichen Kriterien erfolgt, insbesondere weil das Rating idR manuell bestimmt wird. Dazu wird bei Novartis folgendes Schema verwendet (unterstützt durch die ONCE IT Lösung):   56

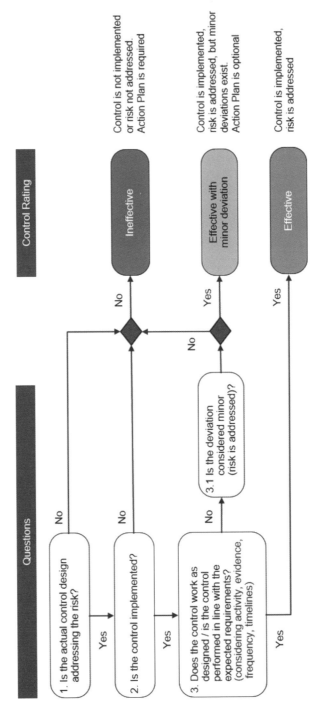

Abb. 47: Entscheidungsbaum zur Bestimmung des Control Ratings

C. Der operative ONCE Prozess § 4

58 Die Bewertung des Control Ratings erfolgt durch den Control Owner mittels einer manuellen Selbstbewertung (Self-Assessments). Dies ist ein Standardverfahren zur Beurteilung der Wirksamkeit einer Kontrolle sowohl hinsichtlich der Konzeption als auch der Durchführung. Self-Assessments sollten für alle in den Geltungsbereich fallenden Kontrollen gemäß dem jährlichen Fahrplan von ONCE in der Zeit von Anfang März bis Ende Juni mindestens einmal pro Jahr durchgeführt werden. Es kann auch früher mit den Self-Assessments begonnen werden, wenn die vorgängige „Scoping and Assignment"-Phase bereits abgeschlossen ist.

59 Viele Kontrollen in Standardprozessen erfolgen mittlerweile systemunterstützt, dh die Kontrollaktivität wird durch entsprechende Reports mit aufbereiteten Daten erleichtert. Die Qualität und Zuverlässigkeit dieser Reports ist dabei enorm wichtig: stimmen der abgedeckte Umfang und die zeitliche Abgrenzung, werden alle kontrollrelevanten Konstellationen berücksichtigt, etc. Trotz qualitativ hochwertiger Reports bleibt die abschließende Beurteilung der Effektivität eine manuelle Einschätzung des Control Owners (vgl. auch Kapitel „Kategorien von Kontrollen", Management Review Controls).

60 Vollständig automatisierte Kontrollen hingegen (zB Genehmigungs-Workflows, die nicht umgangen werden können), müssen auf andere Art geprüft werden. Dabei wird die Kontrolle durch eine oder mehrere idR IT Kontrollen ersetzt, zB werden Zugriffsrechte auf die Konfiguration eines Workflows überprüft.

61 Systemgestützes Continuous Monitoring soll helfen, die Anzahl manueller Kontrollen so gering wie möglich zu halten, bzw. die Control Owner bestmöglich mit kontrollrelevanten Informationen zu unterstützen, damit nicht nur die Effektivität, sondern auch die Effizienz in der Durchführung, insbes. durch sehr zeitnahe Prüfung, optimiert werden kann.

62 Generell sei vermerkt, dass die Bedeutung von IT Kontrollen nicht nur wegen Risiken im Bereich Cyberkriminalität wächst, sondern auch wegen expandierender Komplexität der Geschäftsprozesse und neuer Betriebsmodelle.

63 Zusätzliche Self-Assessments im Laufe des Jahres können erforderlich sein, wenn sich wesentliche Änderungen ergeben (zB Prozesse, Systeme, Eigentumsverhältnisse, neue oder aktualisierte Kontrollen) oder wenn neue oder zusätzliche Informationen bekannt werden, die eine Neubewertung sinnvoll erscheinen lassen

64 Beispiel:
Eine Kontrolle wurde von dem verantwortlichen Control Owner als <effective> eingestuft. Später bemerkt eine interne Revision, dass die Kontrolle in mehreren Fällen umgangen wurde. Dabei ist nicht entscheidend, ob dadurch ein tatsächlicher Schaden entstanden ist, sondern nur, ob die Kontrollaktivitäten gemäß dem vorgeschriebenen Kontrolldesign durchgeführt wurden und der Geltungsbereich vollständig abgedeckt wurde. Unter Umständen ist auch das globale Kontrolldesign zu überprüfen.

65 Weiter kann eine Neubewertung des Control Ratings ebenso notwendig sein, wenn ein oder mehrere Geschäftsvorfälle aktuell belegen, dass die Kontrolle nicht wirksam war.
Ursachen hierfür können ua sein:
– Mangelhaftes Design der Kontrolle
– Mangelhaftes Verständnis, Nachlässigkeit oder bewusstes Umgehen bis hin zu Täuschung des Control Owners
– Unvollständiger Geltungsbereich der Kontrolle oder des Prozesses
– Außergewöhnliche Umstände (zB zeitweiser Ausfall des Control Owners)

66 Eine sog. Root-cause Analyse soll Aufschluss geben, wie eine identifizierte Schwachstelle künftig eliminiert oder entschärft werden kann. Grundsätzlich ist ein formeller Sanierungsplan aller Kontrollen mit einem Control Rating <ineffective> zwingend vorgeschrieben, während ein Plan für ein Rating <effective with minor deviations> optional ist, weil davon ausgegangen wird, dass die Behebung der geringfügigen Abweichung zeitnah erledigt werden kann.

III. Kontrolltesting

67

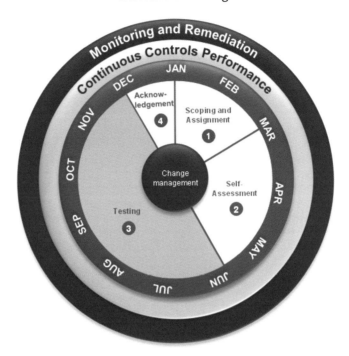

Abb. 48: Testing

68 Das Testen ist ein Standardprozess, welcher zusätzliche angemessene Sicherheit für die Wirksamkeit von Key Controls bietet. Für „einfache" Kontrollen ist Testing nicht zwingend vorgeschrieben, kann aber optional von den jeweiligen Funktionen vorgesehen werden.

69 Um zuverlässige Testergebnisse zu erzielen, wird von den Testern erwartet, dass sie über ausreichende Kenntnisse der Kontrollen und der damit verbundenen Prozesse verfügen und ausreichend unabhängig sind.

70 Die Testhäufigkeit beträgt einmal pro Jahr; Globale Funktionen können eine höhere Frequenz bestimmen.

71 Zusätzliche Tests außerhalb des regulären Testzeitraums können nach der Behebung von Schwachstellen oder auch aus anderen Gründen erforderlich sein.

1. Voraussetzungen für die Durchführung von Kontrolltests

72 Die Kontrolltests werden von kompetenten und unvoreingenommenen Testern durchgeführt.
Dazu gehören die folgenden Anforderungen:
– Verständnis der Geschäftsprozesse, der damit verbundenen Risiken und der Kontrolltätigkeiten, um angemessene Schlussfolgerungen ziehen zu können.

C. Der operative ONCE Prozess § 4

- Demonstriert Verantwortlichkeit und wendet während des gesamten Testprozesses professionelle Skepsis an.
- Ist nicht direkt der für die Durchführung der Kontrolle verantwortlichen Person (Control Owner) unterstellt, um mögliche Interessenkonflikte zu vermeiden.

2. Typische Schritte zur Durchführung von Kontrolltests

1. Vorbereitung der Tests: Falls nicht vorhanden, Erstellung und Vervollständigung eines Testplans (einschließlich der Zuweisung eines Testers pro Key Kontrolle) gem. den Standardtestvorlagen.
2. Testdurchführung: Durchführung von Tests durch Auswahl von Stichproben aus der Grundgesamtheit und Überprüfung anhand der vordefinierten Testbedingungen. Prüfung, Wiederholungsprüfung und computergestützte Prüfungstechniken sind anerkannte Testverfahren (vgl „Testmethoden") und sollten von der Funktion entsprechend ihren Bedürfnissen ausgewählt werden.
3. Zuweisung eines Control Ratings, analog der Bewertung im Rahmen des Self-Assessments.

Tabelle 9: Control Ratings als Ergebnis des Testens

< >	Kontrolle wurde noch nicht getestet
<effective>	Kontrolle wurde getestet und als effektiv bewertet, das Risiko ist ausreichend abgedeckt
<effective with minor deviation>	Kontrolle effektiv, aber mit Schwachstellen, die jedoch die Risikoabdeckung nicht wesentlich schmälern. Ein Plan zur Behebung der Mängel ist optional.
<ineffective>	Kontrolle nicht effektiv, Schwachstellen sind identifiziert, die das Risiko nicht ausreichend abdecken. Ein Plan zur Behebung der Mängel ist erforderlich.

4. Dokumentation der Ergebnisse: Die Testergebnisse müssen gemäß den Vorgaben von ONCE aufgezeichnet werden.
5. Kommunikation der Ergebnisse: Insbesondere „unwirksame" Control Ratings müssen dem Control Entity Owner, dem Control Owner, ggf. den Prozessverantwortlichen und anderen Beteiligten mitgeteilt werden, und deren Auswirkungen müssen erörtert werden.
6. Sanierungsplan: Falls erforderlich, muss ein Sanierungsplan erstellt werden. Bis zur endgültigen Umsetzung dieses Plans sollte geprüft werden, ob zwischenzeitliche Maßnahmen erforderlich sind.

3. Größe der Teststichprobe

Eine Stichprobe ist eine Teilmenge der Grundgesamtheit (dh die Menge aller Transaktionen oder Ereignisse), welche die Merkmale der Grundgesamtheit widerspiegelt.

Folgende Faktoren sind bei der Bestimmung des Stichprobenumfangs zu berücksichtigen:
- die Größe der zu prüfenden Grundgesamtheit, Anzahl der Transaktionen/Ereignisse,
- die Komplexität der Kontrolle (manuell vs. automatisiert, Grad der Standardisierung),
- Berücksichtigung verschiedener Szenarien und damit verbundener Risiken, für die die Kontrolle durchgeführt wird.

Zur Bestimmung des minimalen Stichprobenumfangs soll die folgende Matrix als Referenz herangezogen werden:

Tabelle 10: Sample Size Matrix

Occurences	Sample Size
above 250	15
53–250	10
13–52	4
5–12	2
1–4	1

77 Der sog. „Test-of-one" (sample size 1) ist zB für automatisierte Prozesse und Kontrollen geeignet. Es handelt sich idR um Kontrollen mit einem binären Ergebnis, dh ja/nein oder erfüllt/nicht erfüllt.

4. Qualität der Stichprobe

78 Bei der Auswahl der Stichproben gelten die folgenden Grundsätze:
– Die Stichproben sollen festgelegt werden, bevor mit den Testaktivitäten begonnen wird, dh die Stichproben sollen auf der Grundlage dessen ausgewählt werden, „was vorhanden sein sollte" und nicht „was tatsächlich vorhanden ist".
– Mindestens eine Probe sollte aus einem aktuellen Ereignis der Kontrolle ausgewählt werden.
– Die Stichproben sollen auf die verschiedenen Szenarien (zB Geschäftsbereiche) verteilt werden und bekannte oder vermutete Risikobereiche abdecken.

5. Testmethoden

79 – Nachvollziehen der Kontrollen: Der Prüfer untersucht eine unabhängig ausgewählte Stichprobe anhand der vorher festgelegten Testbedingungen (oder der erwarteten Nachweise). Eine wichtige Frage ist: „Zeigen Sie mir den Nachweis, dass Sie die Kontrolle durchgeführt haben". Diese Methode ist Standard.
– Wiederholung: Der Tester führt dieselbe Kontrollaktivität durch wie der Control Owner und erbringt denselben Nachweis für die Kontrolle, wobei der Tester die Ergebnisse vergleicht. Wenn die Ergebnisse zufriedenstellend sind, kann der Schluss gezogen werden, dass die ursprüngliche Kontrolle wirksam war und durchgeführt wurde. Die wichtigsten Fragen sind: „Wie führen Sie diese Kontrolle durch, was tun Sie? Lassen Sie mich die Kontrolle erneut durchführen".
– Computergestützte Prüfungstechnik (Computer Assisted Audit Technique, CAAT): ein umfassender und automatisierter Prüfansatz, bei dem die gesamte Datenpopulation geprüft wird und nicht nur eine Stichprobe (oder ein Prozentsatz von Stichproben innerhalb einer bestimmten Population).

6. Dienstleistungen von Drittanbietern für Prozesse im Anwendungsbereich von ONCE

80 A. Bei Nutzung von Novartis Systemen und Prozessen
   Für Dienstleistungen, die von Dritten unter Verwendung von Novartis Systemen und Prozessen erbracht werden, gelten die ONCE-Standards in vollem Umfang.
   B. Bei Nutzung Novartis-fremder Systeme und Prozesse.
   Auch hier gelten für Dienstleistungen von Dritten prinzipiell die ONCE-Standards. Die globale Funktion ist in Zusammenarbeit mit dem Dienstleister dafür verantwort-

lich, dass die entsprechenden Kontrollen gemäß den ONCE-Standards konzipiert, implementiert und aufrechterhalten werden.

Die globale Funktion sollte regelmäßig Berichte des Drittanbieters über die Einhaltung der ONCE-Standards und die Wirksamkeit der durchgeführten Kontrollen anfordern und überprüfen. Novartis behält sich das Recht vor, Audits durch ihre Mitarbeiter oder von ihr beauftragte Auditoren durchzuführen. 81

Die Verantwortlichkeiten des Drittdienstleisters müssen in einer vertraglichen Vereinbarung festgelegt werden. 82

Eine angemessene Zusicherung der Einhaltung der Novartis-Kontrollstandards durch die Drittdienstleister kann auf drei Arten erreicht werden: 83
- Input-/Output-Kontrollen: In bestimmten Fällen kann es möglich sein, das Risiko der Nichteinhaltung der Novartis-Kontrollstandards bei allen vom Drittdienstleister verarbeiteten Transaktionen durch Input-/Output-Kontrollen abzuschwächen.
- Novartis Testing: Eigene Mitarbeiter testen die Kontrollen beim Drittdienstleister (eine Vereinbarung zur Durchführung solcher Tests sollte im unterzeichneten Vertrag enthalten sein).
- SSAE (Statement on Standards for Attestation Engagements) Nr. 18 oder ISAE (International Standard on Assurance Engagements) 3402 Typ II Berichte: Diese Berichte sind jedoch oft nicht ausreichend aussagekräftig und können des weiteren zusätzliche Kosten verursachen.

IV. Das Acknowledgement

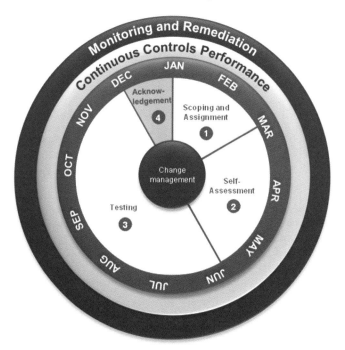

Abb. 49: Acknowledgement

Das Acknowledgement ist ein optionaler Prozessschritt am Ende des Jahres, um den abschließenden Status einer Control Entity pro Funktion und Jahr durch den Control En- 85 tity Owner (zB CFO) zu dokumentieren. Dieser Status wird durch Unterzeichnung einer funktionsspezifischen Erklärung attestiert, unterstützt von der IT Lösung. Damit soll der übergeordneten Verantwortung des Control Entity Owners Rechnung getragen werden; vor allem bei Funktionen mit vielen Kontrollen ist dies uU sinnvoll.

D. Fortlaufende Steuerung und Überwachung

86 Während allen Phasen sind mit Fokus auf den jeweiligen Verantwortungsbereich kontinuierliche „Oversight" und „Monitoring" Aktivitäten sowohl aus Control Entity Perspektive als auch aus Sicht der globalen Funktion nötig. Bei diesen Aufgaben handelt es sich um einen kontinuierlichen, unternehmensweiten Prozess der Steuerung, Überwachung, Überprüfung und Analyse der wichtigsten Risikoindikatoren und Kontrollen, welcher es der Organisation ermöglicht, möglichst zeitnah potenzielle Verstöße gegen die Vorschriften und Mängel zu erkennen. Es ist integraler Bestandteil des Geschäftsprozessmanagements, das darauf abzielt, hinreichende Sicherheit zu bieten, dass die Geschäftsprozesse effektiv und effizient sind.

87 Nebst dem Monitoring durch die direkt Verantwortlichen wurden bei Novartis zur Unterstützung ausgewählter globaler Funktionen mit höherem Risikoprofil weitere Teams etabliert. Diese testen und beurteilen Risikobereiche in Control Entities unabhängig, dokumentieren identifizierte Schwachstellen und besprechen mit der jeweiligen Control Entity Maßnahmen zur Behebung.

E. Behebung von Mängeln und Schwachstellen

88 Wo nötig wird ein Sanierungsplan erstellt, der aus detaillierten Maßnahmen besteht, mit denen festgestellte (Kontroll-)Mängel nachhaltig beseitigt werden und der gewährleistet, dass die Kontrolle das jeweilige Kontrollziel erreicht. Ein derartiger Plan muss einen Verantwortlichen (oft ist dies der Control Owner) und ein verlässliches Enddatum enthalten. Das Überwachen dieser Pläne obliegt im Wesentlichen dem Koordinator der Control Entity und, auf globaler Ebene, der Globalen Funktion.

F. Beziehungen Globale Funktion und Control Entities

89 Zwischen der Globalen Funktion und ihren Control Entities bestehen fortwährende Beziehungen. Während die Globale Funktion das Kontrolldesign vorgibt und mindestens einmal pro Jahr auf Aktualität und Relevanz überprüft, sind die Control Entities angehalten, Feedback zum Kontrolldesign zurück zu melden, damit eine fortlaufende Verbesserung des Kontrolldesigns erreicht werden kann. Weiter berichten die Control Entities die Control Ratings periodisch oder auch ad hoc an die Globalen Funktionen, idealerweise unterstützt und automatisiert durch eine digitale Lösung.

G. Limitationen bei der Bestimmung des Control Ratings

90 Kontrollen werden idR manuell bewertet. Dadurch ist die Aussagekraft von Control Ratings nur insofern zuverlässig, als insbesondere der Control Owner imstande ist, den Zweck und die Anforderungen an die Kontrolle zu verstehen. Besonders wenn nicht alle

G. Limitationen bei der Bestimmung des Control Ratings § 4

Kontrollaktivitäten exakt gemäß Kontrolldesign ausgeführt werden können, ist es für den Control Owner wichtig zu verstehen, was die daraus resultierenden Risiken sind und mit welchen Maßnahmen sie ggf. effizient und effektiv reduziert werden können. Als Referenz für mögliche Risiken dient das Control Register, Spalte Risk (vgl. Kapitel I „Das Control Register"). Weitere Abstimmungen mit dem Process Owner oder anderen Verantwortlichen werden nach Bedarf empfohlen.

Eine zusätzliche Beeinträchtigung der Aussagekraft eines Control Ratings kann durch die Einstellung und das Verhalten des Control Owners resultieren, sog. Box-Ticking. Dieses bewirkt, dass die Kontrolle und/oder das Self-Assessment mehr oder minder willentlich oberflächlich und/oder resigniert ausführt wird, weil diese Anforderung als unnötig, bürokratisch oder als Zeichen für fehlendes Vertrauen angesehen wird. 91

H. Kategorien von Kontrollen

92

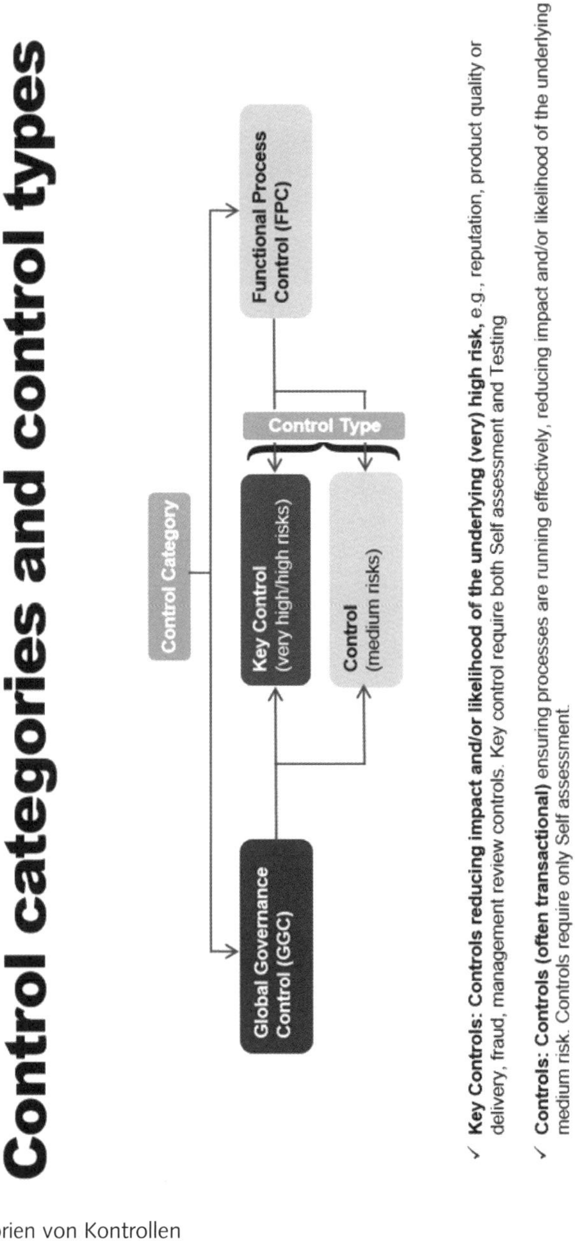

Abb. 50: Kategorien von Kontrollen

I. Global Governance Controls (GGC)

93 GGC Kontrollen ersetzten bei Novartis die bisherigen Company Level Controls (CLCs), manchmal auch Entity Level Controls genannt. Kommt eine Funktion in den Geltungsbe-

reich von ONCE, werden in diesem Rahmen die Global Governance Controls evaluiert. Es stehen fünf Kontrollen in einer Vorlage (vgl. Abb. 51) bereit, die als Grundlage des Kontrollumfelds einer jeden Funktion dienen. Control Owner der GGC Kontrollen sind die Funktionen selbst. Während die erste dieser GGC Kontrollen verpflichtend ist, können die übrigen 4 Kontrollen je nach Risikoprofil der Funktion aktiviert oder deaktiviert werden.

Begründung hierfür: Jede Funktion hat idR eine Policy oder Richtlinie, in welcher sie die Prinzipien, Ziele und Erwartungen gegenüber ihren Control Entities ausdrückt. Die erste GGC Kontrolle verlangt, dass dieses Dokument regelmässig auf Inhalt und Gültigkeit geprüft und den betroffenen Control Entities ausreichend kenntlich gemacht wird. Weil diese Kontrolle umfassend interpretiert werden kann, bestimmt die Funktion selbst, ob die übrigen GGC Kontrollen aktiviert werden sollen oder nicht. 94

Beispiel: 95
Wurden in der Vergangenheit in einer Funktion wiederholt Schwachstellen im Bereich des Trainings evident, so vermag eine explizite GGC Kontrolle helfen, den Fokus für die kommende Periode hierauf zu verstärken.

Die Kontrollaktivität und die erwartete Evidenz müssen an die funktionsspezifischen Gegebenheiten angepasst werden. Dabei soll die Thematik der Kontrolle nicht verändert werden. 96

Global Governance Controls (GGC) Template – for adaption

	Risk	Control Title	Control Activity	Expected Evidence
Required	Unclear or outdated expectations set by the Global Function	Policies and Guidelines	1. "Global Function Policy" is in place and maintained according to the latest requirements 2. Policy is properly rolled out in the organization (employees are informed and have access to it)	1. Latest, reviewed, and updated version of the "Global Function Policy" 2. Communication materials and information on which platforms Policy and Training Materials are available
Required	Inability of a Global Function to fulfil their roles and responsibilities	Organizational Structure and Competence	1. "Global Function" organization is defined and adequately staffed, no long-term vacancies in key roles 2. Position profiles are up to date 3. Where required, all new "Global Function" team members have been adequately onboarded	1. Organizational chart 2. Position profiles 3. Onboarding materials, e.g., slide decks and training recordings/invites
Need / risk based	Activities or behaviors not in line with set expectations	Training and Awareness	1. Training material for global trainings is developed and reviewed 2. Global trainings are conducted and adequately provided for the required functions and audience. Overdue completions (where applicable) are followed up.	1. Reviewed global training materials 2. Records of conducted global trainings
Need / risk based	Exposure to Global Function risks not mitigated	Global Monitoring and Remediation	1. A global monitoring program is developed and executed with observations captured in reports which are shared with relevant management 2. Remediation actions and timelines are created and agreed upon. Completeness and quality of execution are monitored and verified.	1. Global Monitoring plan and Monitoring reports 2. Documented evidence of completed remediation actions
Need / risk based	Inconsistent identification, assessment or treatment of risks	Risk Assessment and Mitigation	1. Risk assessments are conducted according to a global methodology (e.g., the Enterprise Risk Management Guideline) 2. Formulate appropriate risk treatment strategies and define action plans where applicable 3. Action plans are monitored to ensure timely implementation of deliverables	1. Documentation of Risk Assessments 2. Documentation of action plans 3. Documentation of Monitoring of action plans

Abb. 51: Vorlage GGC Kontrollen

II. Segregation of Duties (SOD) Controls

Nebst dem 4-Augen-Prinzip für bestimmte Geschäftsprozesse, propagieren die SOD Kontrollen die Trennung relevanter Funktionen, Geschäftsprozesse oder Transaktionen zur Vermeidung von möglichen Interessenskollisionen. Dabei ist eine end-to-end Betrachtung unter Einbezug der IT Systeme und deren Rollenkonzepte wichtig.

Beispiele:
- Trennung Stammdatenpflege von der operationellen Abwicklung eines Geschäftsvorfalles.
- Vor Inkrafttreten der Kontoänderung eines Lieferanten muss die Änderung von einer unabhängigen Person geprüft und genehmigt werden.

III. Access Controls/Zugriffs- und Zutrittskontrollen

Diese Kontrollen dienen der Datensicherheit und regeln, wer Unternehmensdaten abrufen und verwenden darf sowie die Beschränkung von Zugriffsrechten auf das notwendige Maß, insbes. für geschäftssensitive, kritische Systeme, resp. Transaktionen und Daten.

Mittels Authentifizierung und Autorisierung validieren Zugriffskontrollen die Identität sowie die Zugriffsberechtigungen von Benutzern.

Der physische Zugang zu einem Campus, Gebäude, Raum oder Rechenzentrum kann über Zutrittskontrollen geregelt werden.

IV. Management Review Controls (MRC)

Management-Review-Kontrollen sind vom Management durchgeführte Überprüfungen von Schätzungen und anderen Arten von Finanzinformationen komplexerer Natur auf ihre Angemessenheit. Sie erfordern ein erhebliches Maß an Urteilsvermögen, Wissen und Erfahrung. Bei diesen Überprüfungen werden in der Regel die ausgewiesenen Beträge mit den Erwartungen und Prognosen der Prüfer verglichen, die auf deren Wissen und Erfahrung beruhen. Da es sich hier nicht nur um eine einfache Ja- oder Nein-Bestätigung handelt, ist diese Art der internen Kontrolle subjektiver und weniger eindeutig. Folglich ist eine einfache Abzeichnung durch das Management keine ausreichende Dokumentation, um eine interne oder von einem externen Prüfer durchgeführte Prüfung zu bestehen, sondern aufgrund des damit verbundenen Risikos ist eine detaillierte Dokumentation für jede MRC notwendig.

MRCs sind wesentliche Komponenten eines wirksamen internen Kontrollsystems, insbes. im Bereich Finanzen.

Beispiele:
Periodischer Review der Bilanz
Analyse der Kreditlimiten

V. Fraud Controls/Kontrollen zur Vermeidung oder Entdeckung von Betrug

Ein wichtiger Bestandteil der Risikobewertung ist die Ermittlung des Betrugspotenzials. Betrug, der unentdeckt bleibt, kann zu erheblichen finanziellen Verlusten führen und den Ruf einer Organisation nachhaltig schädigen. Bei der Prüfung des Betrugspotenzials sollte das Management folgendes berücksichtigen:
- Welche Arten von Betrug können auftreten (zB Verlust von Vermögenswerten oder betrügerische Berichterstattung)?

- Welche Anreize oder Zwänge können zu einem möglichen Betrug beitragen?
- Welche Möglichkeiten gibt es für die unbefugte Verwendung von Vermögenswerten, die Veräußerung von Vermögenswerten oder die Änderung von Finanzunterlagen?
- Wie könnten das Management oder Mitarbeiter ihre Handlungen ausführen oder rechtfertigen?

107 Betrugsbedingte Risiken können erheblich gemindert werden, wenn risikoreiche Bereiche identifiziert und Präventivmaßnahmen ergriffen werden.

I. Das Control Register

108 Ein wichtiges Ziel des Programmes ONCE ist es, Transparenz bezüglich aller Novartisinternen Kontrollen zu schaffen. Dies bedingt einen einfachen, zentralen Zugang für alle Mitarbeiter weltweit, ohne spezifische Zugangsrechte erteilen zu müssen.

109 Eine Sharepoint Liste bietet dafür die geeignete Plattform. Jede Kontrolle entspricht einem Eintrag in der Liste. Eindeutiger Schlüssel jedes Eintrags ist die Control-ID. Die Auswahl der gewünschten Spalten kann je nach Anwender(-gruppe) vordefiniert und entsprechend geändert werden. Im unten aufgeführten Beispiel 1 ist die End_User_View als Standard gewählt, während im Beispiel 2 die End_User_View_light gewählt wurde, um je nach Nutzer die Selektion der angezeigten Spalten anzupassen.

110 Jeder Kontrolleintrag enthält nebst der Control ID, Risikobeschreibung, Control Aktivität und der erwarteten Evidenz eine Reihe Attribute, wie beispielsweise die vorgesehene Rolle des Control Owners, die Frequenz, in der die Kontrolle ausgeführt werden soll, globale Dokumentation, die zu beachten ist, etc.

111 Eine besondere Bedeutung hat das Datenfeld „Risk". Die ONCE Methode erlaubt gemäß dem Grundsatz „no risk, no control" keine Kontrolle ohne den Link zu einem Risiko der Kategorie „high" oder „medium". Das Risiko soll möglichst präzise aus der Sicht des Control Owners beschrieben werden, damit dieser die Wichtigkeit und Relevanz der Kontrolle versteht.

112 Bevor eine neue Kontrolle über das Control Register publiziert oder eine bestehende Kontrolle geändert werden kann, müssen die Kontrollen durch die entsprechenden globalen Prozessverantwortlichen geprüft werden. Danach müssen die Kontrollen das sog. Control Review Board durchlaufen. Dieses besteht aus dem RIC Team; als Gast wird der Workstream Lead (WSL) der relevanten Funktion eingeladen. Der WSL gibt zu Beginn des jeweiligen Control Review Boards einen Überblick über die Funktion und das jeweilige Kontrollumfeld, bevor Fragen zu dem vorliegenden Kontrolldesign besprochen werden. Dieser neu geschaffene Prozess erweist sich immer wieder als gewinnbringend für die Qualität der Kontrollen. Jede vorweg geklärte Frage und Unklarheit erhöht die Wahrscheinlichkeit, dass künftige Control Owner verstehen, wie und warum die Kontrolle auszuführen ist. Je besser die Qualität des Kontrolldesigns, desto grösser sind Akzeptanz und Qualität der Ausführung der Kontrolle.

113 Regelmäßige Diskussionspunkte betr. Kontrolldesign sind die richtige Zuweisung der Ownership (global vs lokal) und die Granularität von Kontrollaktivitäten. Nicht jede Anforderung sollte als Kontrolle definiert werden.

I. Das Control Register § 4

Beispiel 1:

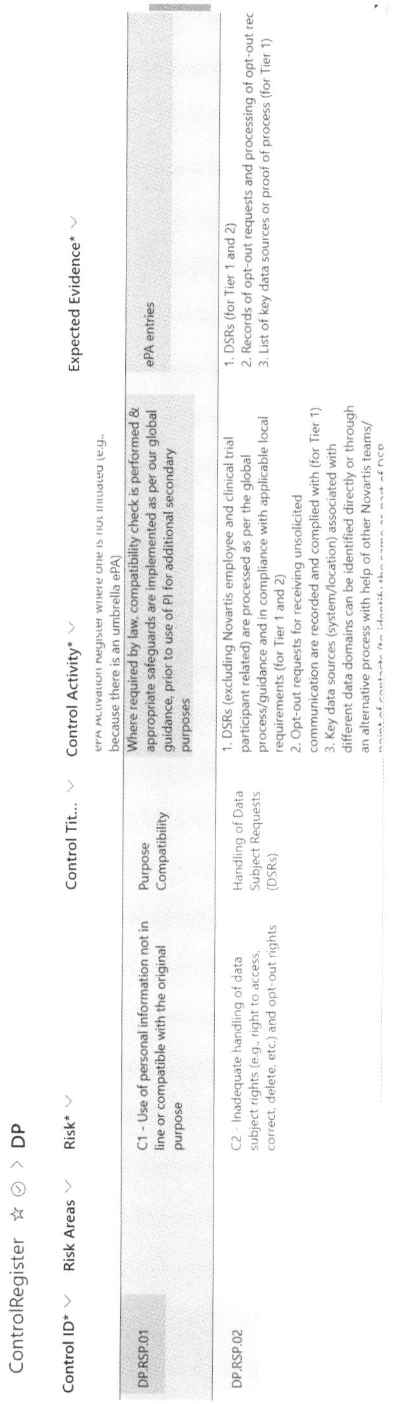

ControlRegister ☆ ⊘ > DP				
Control ID* ∨	Risk* ∨	Control Tit... ∨	Control Activity* ∨	Expected Evidence* ∨
			ePA Activation Register where one is not initiated (e.g., because there is an umbrella ePA)	ePA entries
DP-RSP-01	C1 - Use of personal information not in line or compatible with the original purpose	Purpose Compatibility	Where required by law, compatibility check is performed & appropriate safeguards are implemented as per our global guidance, prior to use of PI for additional secondary purposes	
DP-RSP-02	C2 - Inadequate handling of data subject rights (e.g. right to access, correct, delete, etc.) and opt-out rights	Handling of Data Subject Requests (DSRs)	1. DSRs (excluding Novartis employee and clinical trial participant related) are processed as per the global process/guidance and in compliance with applicable local requirements (for Tier 1 and 2) 2. Opt-out requests for receiving unsolicited communication are recorded and complied with (for Tier 1) 3. Key data sources (system/location) associated with different data domains can be identified directly or through an alternative process with help of other Novartis teams/ point of contacts (to identify the same as part of DSR	1. DSRs (for Tier 1 and 2) 2. Records of opt-out requests and processing of opt-out rec 3. List of key data sources or proof of process (for Tier 1)

Abb. 52: Ausschnitt Ansicht Control Register End_User_View

§ 4 Internes Kontrollsystem

115 Beispiel 2:

ControlRegister ☆ ⊘ > P&O

Status* >	Version* >	Function ▽ >	Number* >	Risk* >	Control ID* >	Control Title* >	Control Activity* >
Final	2022	⊙ P&O	5	Assigned/inaccurate access rights are not reviewed and may compromise integrity and confidentiality of P&O data.	P&O.PDE.WRK.05	Review of Access Rights to P&O Systems	users within the critical P&O systems (i.e. HRCore, Aconso, Snow, Brassring, Avature, Up4Growth, Edcast, Gloat, FirstPort, Visier) are reviewed to ensure that they are restricted to individuals who need them for the execution of their duties.
Final	2022	⊙ P&O	10	Inadequate monitoring of payroll related employee master data may lead to fraudulent,	P&O.PDE.WRK.10	Payroll Master Data Maintenance in HR Core	1. Changes to defined payroll relevant infotypes are reviewed following 4-eyes principle that is enforced by HR Core system. Payroll related infotypes are blocked for the dual control check before further processing. Those

Abb. 53: Ausschnitt Ansicht Control Register End_User_View_Light

In der Liste kann jede Spalte beliebig gefiltert werden. 116

Das Control Register (Sharepoint) muss regelmäßig mit den Stammdaten der IT Lö- 117
sung für ONCE abgeglichen werden. Änderungen werden zuerst im Tool eingepflegt und
regelmäßig via Download im Control Register nachgeführt.

J. Das Entity Universe

Einerseits ist es wichtig zu wissen, welche Kontrollen grundsätzlich von der globalen 118
Funktion vorgesehen sind, andererseits kann es auch wertvoll sein zu erfahren, in welchen
Unternehmenseinheiten („Control Entities") diese angewendet werden sollen. Bei Novartis kommen grundsätzlich 3 Einheiten in Frage:
1. Reporting Units
   Tochtergesellschaften mit eigenen Managementstrukturen.
2. Länderorganisationen
   Zusammenfassung von mehreren Reporting Units zu einer Länderorganisation mit übergeordneten Managementstrukturen per Funktion (zB Country CFO, Country Head People and Organisation).
3. Cluster
   Zusammenfassung mehrerer Länder mit übergeordneten, einheitlichen Managementstrukturen für eine oder mehrere Funktionen (zB Head Data Privacy, Cluster EMEA)

Um auch hier Transparenz zu schaffen, wurde eine intern frei zugängliche Tabelle mit 119
dem „Entity Universe" erstellt, die alle wesentlichen Einheiten zueinander in Beziehung
setzt. Eine weitere Standardisierung wird dabei angestrebt.

K. Berichterstattung

In der Regel werden ab der zweiten Jahreshälfte die Ergebnisse des Self-Assessments und 120
des nachfolgenden Testings berichtet. Wichtigster Indikator für den Control Compliance
Status ist das Control Rating. Die Gesamtheit aller Kontrollen pro Division, Funktion,
Control Entity oder Kontrollkategorie mit einem Control Rating „effective" wird der Anzahl Kontrollen mit den Ratings „ineffective" und „effective with minor deviation" gegenübergestellt und daraus eine Compliance Rate berechnet.

Als wichtig wird außerdem erachtet, dass die Berichterstattung nebst der Compliance 121
Rate auch eine Interpretation beinhaltet, dh dass aufzeigt wird, welche der identifizierten
Schwachstellen ggf. die Aufmerksamkeit der Führungsebene benötigen. Dabei hilft die
Unterteilung in einfache Controls vs Key Controls zum einen und die Identifikation des
Risikoprofils der Control Entity selbst („Tiering") zum anderen.

Weiter werden Anzahl und Qualität der noch offenen Aktionspläne laufend überwacht 122
und an das jeweilige Management berichtet, insbesondere jene offenen Pläne, deren Fälligkeitsdatum überschritten ist. Diese Überwachung wird durch automatisierte Benachrichtigungen aus dem ONCE Tool unterstützt.

> Generell ist bei der Berichterstattung von grosser Bedeutung, dass eine gute Balance 123
> zwischen dem Anstreben einer hohen Effektivitätsrate (Key Performance Indicator) und
> dem gleichzeitigen Bekenntnis zu Offenheit und Transparenz bei Kontrolldefiziten gefunden und gelebt wird.

L. Die ONCE Software Lösung

124 Um eine geeignete Software Plattform für alle kontrollrelevanten Prozesse und Daten zu etablieren, wurde im Rahmen dieses Programmes eine Evaluation gestartet. Hierfür wurde zunächst die Projektleitung und das dazugehörige Team, insbesondere auch mit Unterstützung aus der Informatik und mit Repräsentanten der Pilotfunktionen, nominiert. Daraufhin wurden alle relevanten Dokumente für einen Projektantrag (zB Charter, Projektorganisation, etc) sowie ein funktionaler Anforderungskatalog erstellt:

L. Die ONCE Software Lösung   § 4

Tabelle 11: Anforderungskatalog für die ONCE Software Lösung   125

Process step	#	Functional Requirements / User Stories	Must-have / Nice to have
General	1	System allows access/ability depending on the user's role and valid 521 ID.	Must-have
	2	As user, I am able to access the tool via Single Sign On.	Must-have
	3	As user I can delegate tasks to my deputy.	Must-have
	4	As user I am able to see history of who made changes to what and when (version control, audit trail).	Must-have
	5	System integrates well with Novartis system landscape (e.g., ERP, Active Directory) to pull data / reports.	Must-have
	6	As a user, I am able to access relevant training material and user guides.	Must-have
	7	System enables user access restrictions based on control subjects (e.g., Country, Unit), functions and process / activities (e.g., drill-down into control evidence to be more restrictive).	Must-have
	8	As member of the RIC team, I am able to define and maintain input validations (e.g., drop down list) for critical fields to ensure data quality and consistency.	Must-have
	9	System supports sending of automated notification to user, e.g., for reminding them on milestones and overdue action items.	Must-have
	10	As user, I am able to access and see progress of all my pending items in one single view.	Must-have
	11	As a user, I have the option to customize views specific to my needs.	Must-have
	12	As Control Subject Owner / Coordinator, I am notified if users have left Novartis (are not in GDDB anymore) and I am able to re-assign controls to other users.	Must-have
	13	As user, I am able to transition my activities (control ownership, process ownership, remediation plan, etc.) via a self-service to a new owner.	Nice-to-have
	14	As Control Subject Owner / Coordinator, I am able to start a new annual cycle for my control subject and set it to completion once all activities are completed.	Must-have
Create / Maintain Function Master Data	15	As a user, I am able to access a central repository where all controls and control subjects are maintained relevant for my role.	Must-have
	16	As member of the RIC team, I have the flexibility to define and maintain control attributes and taxonomy according the ONCE standards.	Must-have
	17	As member of the RIC team / Global Function, I need to be able to import and export all control master data.	Must-have
	18	As member of the RIC team, I need to be able to restrict certain control attributes from being changed by other roles.	Must-have
	19	System provides the flexibility to define control subjects according to the needs of the functions and their organizational structure.	Must-have

115

Process step	#	Functional Requirements / User Stories	Must-have / Nice to have
Scope & Assign Controls	20	As Control Subject Owner / Coordinator, I need to select annually from the list of global controls all controls applicable for my control subject.	Must-have
	21	As Control Subject Owner / Coordinator, I need to assign all applicable controls to a Control / Process Owner.	Must-have
	22	As member of the RIC team, I need to define and set due dates for annual milestones.	Must-have
	23	As Global Function, I need to be able to adjust due dates for the annual internal controls cycle in exceptional cases.	Must-have
	24	As Control Subject Owner / Coordinator, I need to have the option to adjust certain control attributes (e.g., control frequency) as per ONCE standards and process.	Must-have
	25	As Control Subject Owner / Coordinator, I am able to forward tasks to other users for finalizing the scoping.	Must-have
Conduct Self-Assessment	26	As Control Subject Owner / Coordinator, I am able to trigger the start of the assessment, once scoping and assignment is completed for my control subject.	Must-have
	27	As Control / Process Owner, I need to be informed when I have to perform a self-assessment of my assigned controls.	Must-have
	28	As Control / Process Owner, I have to be able to add comments, links and upload documents.	Must-have
	29	As Control / Process Owner, I have to create a Remediation Plan and assign actions to a Remediation Owner in case the control is rated ineffective or effective with minor deviations.	Must-have
	30	As Control Subject Owner / Coordinator, Control / Process Owner, I am able to forward tasks to other users for finalizing the self-assessment.	Must-have
	31	System allows for re-assessment of controls within the same annual cycle without overwriting previous assessments.	Must-have
Control Performance (optional process step*)	32	As Control / Process Owner, I can define different control activities and assign them to different owners.	Nice-to-have
	33	As Control / Process Owner, I get notified when a control is due for performance.	Nice-to-have
	34	As Control / Process Owner, I can access exception reports delivered through other systems and add comments to it.	Nice-to-have
	35	As Control / Process Owner, I am able to add comments, links and upload documents as control evidence.	Must-have

L. Die ONCE Software Lösung § 4

Process step	#	Functional Requirements / User Stories	Must-have / Nice to have
Test Controls	36	As Control Tester, I need to be able to create my control test plan.	Must-have
	37	As Control Tester, I need to have a testing sheet which is linked to the control master data and the self-assessment.	Must-have
	38	As Control Tester, I have to be able to provide a control rating for the tested control.	Must-have
	39	As Control Tester, I have to be able to add comments and upload documents.	Must-have
	40	As Control Tester, I can access control evidence uploaded for self-assessment or control performance.	Nice-to-have
	41	As Control / Process Owner, I have to be able to create a Remediation Plan and assign actions to a Remediation Owner in case the control is rated ineffective.	Must-have
Acknowledgement (optional process step*)	42	As Control Subject Owner, I am able to confirm the effectiveness of the internal controls process at the end of the annual process if required by my function.	Must-have
Monitoring and Remediation	43	As as user, I need to have visibility on the control performance, receive early warning on control deficiencies and have access to remediation plans for my control subject(s).	Must-have
Report	44	System supports easy data extraction into analytics & reporting platforms / QS dashboards for Management Reporting.	Must-have
	45	As user, I need to have the ability to pull standard reports or run ad-hoc-queries to have visibility on the internals control activities and process for my control subject(s) or function(s).	Must-have

Ziel war es, eine moderne und flexible Lösung zu evaluieren, die die Anforderungen 126 der ONCE Methodik durch alle Phasen des Kontrollprozesses erfüllt, strategisch in die Novartis-weite Systemarchitektur passt, sowie die übergeordneten Ziele des Programmes unterstützt, wie beispielsweise zur Vereinfachung beiträgt und Werthaltigkeit garantiert. Besonderes Augenmerk wurde auf die Benutzerfreundlichkeit gelegt, da das System von vielen Benutzern nur sporadisch verwendet wird.

Dazu wurde zunächst untersucht, ob eine bei Novartis bereits bestehende GRC Lösung 127 geeignet wäre. Schnell stellte sich heraus, dass die meisten bestehenden Systeme sehr stark auf die jeweiligen Funktionen ausgerichtet waren und daher kaum funktionsübergreifend in Frage kommen. Außerdem waren einige Lösungen bereits am Ende ihres Lebenszyklus angelangt.

Die Evaluation endete mit dem Entscheid, dass eine bereits etablierte zentrale IT-Platt- 128 form genutzt wird, um mit dem Zusatzmodul „Internal Control" das Control Management zu unterstützen. Dieses Modul deckt den gesamten ONCE Prozess ab, inklusive die Aktionspläne zur Schwachstellenbehebung von Kontrollen. Das Reporting wird ebenfalls durch eine umfangreiche Funktionalität unterstützt, welche sowohl unternehmensweit als auch funktionsspezifisch genutzt werden kann.

Für die Einführung wurden mehrere Pilotfunktionen identifiziert. Diese wurden in 129 zahlreiche Workshops eingeladen, um sicherzustellen, dass deren Anforderungen korrekt abgebildet werden können. Weiter wurden die Systemkonfiguration verifiziert und noch fehlende oder inkorrekte Funktionalität mit dem Anbieter besprochen, klassifiziert und, wo nötig, ergänzt.

Für das Training der Benutzer des Internal Control Moduls wird zusätzlich ein Soft- 130 waretool „on top" genutzt, dh die Benutzer werden während des Gebrauchs online geführt und trainiert. Dies ist insbesondere für gelegentliche Benutzer äußerst sinnvoll. Daneben stehen rollenbasierende, Tool-unabhängige Trainingsmodule zur Verfügung, zB für Control Owners.

131 Nebst des „Internal Control" Moduls wurde ein weiteres Modul des Anbieters auf potenziellen Nutzen für Novartis untersucht. Dieses Modul sollte Daten aus dem zentralen ERP (Enterprise Resource Planning) System nutzen, um die Effektivität von Kontrollen automatisiert und fortlaufend mit Hilfe operationeller Daten (zB Transaktionen) zu überprüfen. Dieses Zusatzprojekt wurde jedoch nach einer Vorstudie („Proof-of-Concept") verworfen, weil der Aufwand für die Schnittstellen als zu hoch eingestuft wurde. Für diese weiterhin gewünschte Funktionalität werden zusätzliche Abklärungen nötig sein.

132 Nach Projektabschluss erfolgt die Übergabe in ein operationelles Betriebsmodell, welches durch off-shore Ressourcen ergänzt wird.

M. Generelle Limitationen eines Internen Kontrollsystems

133 Es gibt nebst den bereits beschriebenen Limitationen bei der individuellen Bestimmung eines Control Ratings weitere inhärente Beschränkungen eines Kontrollsystems. Beispiele sind wie folgt:
- **Management Override:** das ungerechtfertigte Ausnutzen von Managementprivilegien, zB Genehmigung erhöhter Zugriffsrechte für einzelne Personen, welche zu unangemessenem Datenzugriff führen können.
- **Prozess- oder Systemfehler:** das Risiko, dass das Design eines Prozesses fehlerhaft ist oder (automatisierte) Systemkontrollen unbemerkt ausfallen oder manipuliert werden, zB während eines Systemupgrades wird die Konfiguration so geändert, dass für bestimmte Benutzer der unerlaubte Zugriff auf zusätzliche Funktionen ermöglicht wird.
- **Kollusion:** zwei oder mehrere Mitarbeiter handeln gemeinsam, um das Funktionieren einer internen Kontrolle bewusst zu unterlaufen, zB Besteller und Genehmiger vereinbaren einen Kauf zu ungünstigen Konditionen für das Unternehmen, um sich selbst zu bereichern.
- **Betrug:** das Wissen um bestimmte Prozessabläufe und/oder Kontrollen wird unrechtmäßig genutzt, um betrügerische Handlungen vorzunehmen.
- **Ungenügende Sachkenntnis oder schlechtes Urteilsvermögen:** Kontrollen werden fehlerhaft formuliert und/oder implementiert und verfehlen deshalb die beabsichtigte Mitigation des Risikos.

134 Ein Kontrollsystem kann aus den erwähnten und anderen Gründen nur hinreichende Sicherheit hinsichtlich der erwarteten Reduktion des Risikos bieten; absolute Sicherheit zu erlangen ist nicht möglich.

135 Um diese Limitationen so gering wie möglich zu halten, ist die Identifizierung angemessener und qualitativ hochwertiger interner Kontrollen enorm wichtig und hat großen Einfluss auf die Akzeptanz und damit auf die Aussagekraft der Ergebnisse generell. Das Kontrolldesign jeder Kontrolle ist laufend auf veränderte Bedingungen zu prüfen und ggf. anzupassen. Betreffend Anzahl der Kontrollen gilt „so zahlreich wie nötig und so gering wie möglich". Dies heißt, insbesondere hinsichtlich der manuellen Kontrollen, periodisch zu hinterfragen, ob die bestehenden Kontrollen, bzw. deren Anforderungen durch den erwarteten Nutzen gerechtfertigt sind.

136 Weiter ist die fortlaufende Schulung aller Beteiligten und periodische Erinnerung über den Sinn und Nutzen eines Kontrollsystems durch interne Kampagnen und Trainings essenziell. Dies sollte sinnvollerweise in Verbindung mit dem Ausrollen und Unterhalt der entsprechenden Richtlinien (wie im Teil EPM beschrieben) geschehen.

§ 5 Abschließende Bemerkungen

Ziel eines ineinandergreifenden Governance, Risk & Compliance Ansatzes ist es, Risiken für das Unternehmen zu identifizieren, einzuordnen und entsprechende Maßnahmen durch Richtlinien und Kontrollen einzuleiten, um diese Risiken im definierten Bereich zu halten oder weiter zu reduzieren. Daraus ergibt sich vielfältiger Nutzen wie beispielsweise vermiedene Kosten, Vorwegnahme von überraschenden Entwicklungen, höhere Qualität und Verfügbarkeit relevanter Informationen und somit verbesserte Entscheidungsfindungsprozesse.

Für einen nachhaltigen Erfolg und die Materialisierung des og Nutzens sind einige zentrale Aspekte bzw. Erkenntnisse von entscheidender Bedeutung:
- **Dauerhafte Unterstützung durch die Unternehmensspitze:** Die Führungsebene muss die GRC Kultur unterstützen und aktiv vorleben. Dies beinhaltet auch das Nichttolerieren von Fehlverhalten, die Bereitschaft in diesen Bereich finanziell zu investieren, sowie realistische Erwartungen an die Teams, zB bezüglich der zeitlichen Vorgaben.
- **Erfolg ist schwer messbar:** Nichteintreten von Schadensfällen oder vermiedener Betrug sind nicht, Prozessfehler nur bedingt quantifizierbar. Wo sinnvoll, können Key Performance Indicators (KPI) sorgfältig definiert und kommuniziert werden.
- **Kommunikation und Training sind wichtige flankierende Maßnahmen:** Die Motivation und Kenntnis der betroffenen Belegschaft muss auf adäquatem Niveau sein. Schulungsangebote sollten zur Verfügung stehen und periodische Kommunikationskampagnen zur Stärkung des Bewusstseins und zur Erklärung des Sinns und Nutzens des GRC Ansatzes durchgeführt werden.
- **Notwendigkeit der fortlaufenden Pflege und des Unterhalts des Systems:** Geänderte Rahmenbedingungen im, aber auch außerhalb des Unternehmens, müssen konstant auf einen möglichen Einfluss überprüft werden. Insbesondere neue Technologien (zB Einsatz von Bots oder Artificial Intelligence) bieten Chancen zur Automatisierung von Prozessen und Kontrollen, bergen aber auch neue Risiken.
- **Absolute Sicherheit kann nicht erreicht werden:** Ein ganzheitlicher Governance, Risk & Compliance Ansatz kann hinreichende Sicherheit bieten, dass die Ziele einer Organisation bestmöglich erreicht und unterstützt werden und dass systematisches Fehlverhalten frühzeitig aufgedeckt, entsprechend sanktioniert und beendet wird. Absolute Sicherheit zu erlangen ist hingegen unmöglich, da individuelles Fehlverhalten nie komplett ausgeschlossen werden kann.

Ein ganzheitlicher Ansatz des Risikomanagements mit einer engen Verzahnung von Risiken, Richtlinien und internen Kontrollen, sowie enger Abstimmung mit weiteren wichtigen Governance Abteilungen wie zB Rechts-, Finanz- sowie Personalabteilung, ist – aus Sicht der Autoren – unabdingbar. Nur so können multinationale Unternehmen mit vielfältigen und verteilten Organisationsstrukturen und in sich rasch ändernden Umfeldern, Risiken frühzeitig identifizieren und geeignete Maßnahmen auf Unternehmensebene einleiten. Vor individuellem Fehlverhalten oder unerwarteten und unwahrscheinlichen zukünftigen Ereignissen mit erheblichen Auswirkungen (Black Swan Events) kann dieser Ansatz nicht schützen, aber er kann in Kombination mit den entsprechenden unternehmensweiten Maßnahmen, Richtlinien und Kontrollen systematische und holistische Risiken identifizieren und reduzieren.

Sachverzeichnis

Die fett gesetzten Zahlen verweisen auf die Paragraphen des Werkes, die mageren Zahlen auf die entsprechenden Randnummern.

Ablaufdatum **3** 90
Acknowledgement **4** 84
Aktionsplan Verantwortlicher **2** 20

Berichterstattung **4** 120
Betrug **4** 106

COBIT **4** 1
Company Level Control **4** 6
Continuous Monitoring **4** 61
Control Design Owner **4** 46
Control Entity Owner **4** 48
Control Environment **4** 6
Control Owner **4** 19, 46, 48
Control Rating **4** 55
Control Register **4** 17
Control Review Board **4** 112
COSO **4** 1

Definitionen **3** 18
Document Authoring Tools **3** 157
Dokumentenmanagement System **3** 129
Dokumenttypen **3** 20
Domain **4** 46

Effektivität **4** 55
Effizienz **4** 24
Enterprise Policy Management **1** 6
Enterprise Risk Management **1** 6
Entity Universe **4** 118

Fachexperten **3** 33
Feedback **4** 89
fundamentale Policies **3** 11

Genehmigungsstufen **3** 56
Gesamtverantwortlicher für das Risikomanagement der Einheit **2** 20
Global Function Coordinators **4** 48
Global Governance Control **4** 16
Globale Funktion **4** 48
Globales Enterprise Risk Management Team **2** 20
Glossar **4** 32
Governance **4** 4, 19
Governance, Risk & Compliance **1** 8

ICFR **4** 1, 3
Implementierungsplan **3** 59
Interne Revision **4** 4
IT **4** 28
IT Kontrollen **4** 62

Kategorien **3** 30
Key Control **4** 15

Kommunikationsplan **3** 81
Kontrolldesign **4** 41
Kontrolle
– detektiv **4** 12
– präventiv **4** 12
Kontrollregister **4** 28
Kontrolltesting **4** 15
Kontrollziel **4** 9
Koordinator der Control Entity **4** 48

Limitationen **4** 90
Line of Defence **4** 46

Management Review Control **4** 103
Monitoring **4** 6

obligatorische Interessengruppen **3** 16
ONCE **4** 24
ONCE Meta Prozess **4** 42
Operating Modell **3** 146
Operative Risiken **2** 9
Organisations Assurance-System **3** 23

Pflichtenheft **3** 134
Policy Board **3** 13
Project Governance Meeting **4** 37

Referenzmodell **4** 1
Reporting **4** 19
Risk & Internal Control **1** 6
Risk and Internal Control **4** 48
Risk Appetite **2** 53
Risikoappetit **4** 11
Risikobehandlung **2** 58
Risikobereitschaft **2** 53
Risikobewertung **2** 50
Risikokoordinator **2** 20
Risiko Kultur **2** 7
Risiko Matrix **2** 38
Risikoprofil **4** 15
Risiko Universum **2** 26
Risikoverantwortlicher **2** 20
Risiko Workshops **2** 21

Sarbanes-Oxley **4** 40
Schulungsplan **3** 86
Self Assessment **4** 55
single source of truth **3** 130
SOX **4** 40
Stakeholder **3** 33
Stichprobe **4** 78
Strategische Risiken **2** 9

Testing **4** 15
Testmethoden **4** 79

121

Sachverzeichnis

Teststichprobe 4 74
Tiering 4 3

Übersetzungen 3 34, 64
Unternehmenskultur 4 8

Veröffentlichung 3 79

Whistleblowing 4 7